Noricoda《ノリコーダ》
波瀾万丈

多文化共生・中途コーダの
手話通訳論

宮澤典子 著 Miyazawa Noriko

【企画・編集】 一般社団法人
全国手話通訳問題研究会

クリエイツかもがわ
CREATES KAMOGAWA

はじめに

手話に関わるようになって40年近くになる。手話がわからないと泣いていた時期もあったのに、今では手話や手話通訳に関わる仕事をしている。私の幼い頃を知っている人たちも意外に思っているだろうが、一番信じられずにいるのは自分自身だ。人生何が起きるかわからないものだ。

本書は2013年から『手話通訳問題研究』(全国手話通訳問題研究会、年4回発行)に8回にわたって連載した「Noricoda波瀾万丈」をまとめたものである。もともとは、同会で発行していた『手話通訳レッスン初心者コース』DVDの解説を連載してはどうかという案だったと思うが、翻訳・通訳に関する解説書をまとめるには生半可な気持ちで受諾するわけにはいかない。答えを濁しているうちに、それでは別の内容でもよいのでとにかく書けるものを書けと、本人の心が固まっていないうちにいつの間にか連載の話が進んでいた。

DVDを発行し始めたときも似たような流れだったように思う。それでも、せっかく与えられた機会なので、手話通訳論とまではいかなくても、DVDの表現の元になっている通訳観と、その通訳観に至った自分の経験を紹介させていただこうと考えた。あわせて、近年取り上げられるようになった〝多文化共生〟を地でいっているコーダたちのことも。そこでタイトルを「Noricoda波瀾万丈」

Prologue

とした。”Ｎｏｒｉｃｏｄａ“とは名前の”ｎｏｒｉｋｏ“とテーマの”ｃｏｄａ“を掛け合わせた造語である。

コーダとはろうの親をもつ聞こえる子のことだが、コーダを紹介するにしても十分なフィールドワークができるわけではない。そこで、コーダの中ではちょっと変わっている自分自身の生い立ちを中心にせざるを得なかった。ここで書くものは、私個人の体験であり、コーダのすべてを説明するものではない。コーダは実に多様であり、その仕上がりは十人十色である。まったく同じコーダは一人として存在しない。それなのに、どこか共通項をもっている。コーダはとてもユニークだ。

私は12歳で言葉と文化の壁にぶつかってから、常に言葉やコミュニケーションと格闘してきたように思う。目の前のものから逃げたいと思ったり、しかたなく対処したり。そして、本人の意志をよそにいつの間にか何かをやらされていたように思っていた。しかし、今回の執筆を機にこれまでを振りかえってみると、その時々に今に至る道を自分が選択してきたのだと思える。そして、その岐路はもちろん道のあちこちに常に人がいた。

両親や伯父・伯母であったり、ろう者のみなさんだったり、全通研の仲間だったり、職場の人たちだったり。その人たちが発するメッセージを受けとめ、時には受けとめ損ねたものを後になってから拾ったりしながら、今日まで歩いてくることができた。そして、私が受け取ったメッセージを次の人に渡したいと考えるようになった。それが私が通訳に取り組むようになった原点だと思う。そして、本書がろう者と聴者という組み合わせの親子をはじめ、手話に関わる方やその他の方々が歩む道に転がっている石ころの一つになればうれしく思う。
私の歩く道にいてくれたたくさんの人たちとの関わりがあって、今の私がある。それぞれの方に承諾も得ずに今回たくさんのエピソードを紹介してしまったが、それは、私を支え、育ててくださったみなさんへの謝辞だとご理解いただきたい。本書を通して、みなさんに感謝申し上げる。

宮澤典子

2016年1月

Noricoda 波瀾万丈

多文化共生・中途コーダの手話通訳論

第1部

中途コーダの手話通訳論

第1章 中途コーダ

1 コーダとは

ろうの親をもつ聞こえる子

私は両親も5歳上の兄もろう者という、ろう者ばかりの家庭に生まれた唯一の聞こえる子だった。

ろうの親をもつ聞こえる子をコーダという。

日本でコーダという言葉が使われるようになったのは１９９５（平成７）年以降である。それまでは「親がろうの子」とか「ろう者の子ども」または「両親ろう」などと言われていた。

１９９５(平成７)年、アメリカのコーダの組織「ＣＯＤＡ」の設立者で事務局長のミリー・ブラザー氏が来日した。それを機に国内のコーダたちが集まり、「Ｊ－ＣＯＤＡ」を結成した。そこからコーダという語が使われ始めたのだ。アメリカでも昔は「Mother Father Deaf（おかあさん、おとうさん、ろう者）」と言っていたらしい。それはろうコミュニティへのパスポートであり、コーダ同士を結びつける言葉であった（Preston, 2003)。

「Ｃｏｄａ」という語をつくったのもこのブラザー氏である。１９８３年、コーダのための新聞を発行するにあたってのことだ。Ｃｏｄａは"Children Of Deaf Adults"（ろうの両親から生まれて育てられた者）の頭字語であるが、音楽用語のコーダ（ｃｏｄａ：楽曲の主題部とは異なる終結部）の意味が、ろうの親と聞こえる子どもの関係に似ていると考えて、この語を使うことにしたと述べている（Brother, 2000)。すなわち、聞こえる子どもは、ろうの親（主題部）とは異なる別の存在（終結部）ということだ。

コーダは実に多様であり、一人ひとりはまさに十人十色である。家族構成・両親以外の聴者の存在、両親の使用言語、両親の生活域、本人の価値観などさまざまな環境因子により、多様なコーダが誕生する。手話ができるかどうか、通訳をするかどうか、ろうの親を受け入れているかどうか、誰一人として同じではない。同じ家庭に生まれた兄弟姉妹でさえ、一致するわけではない。コーダとはこのようなものだと言われたら、どのコーダも必ず「ここはそうだけれど、そこは違う」と言うに違いない。

そのくせ、初対面であっても相手がコーダであるというだけで、親近感を覚えてしまう。完全一致はしないものの、多くを語らなくても、コーダ同士共感できるものがあるからだろうか。

なお、本書で綴るのはあくまでも私個人の体験や考えであって、日本のすべてのコーダを説明するものではない。

コーダの三つのタイプ

多様なコーダではあるが、手話という視点からあえて分類してみると、以下の三つに分けられるように思う。

①手話を使わないコーダ
一般的に、両親がろう者であれば自然に手話ができるようになると思われている。しかし、手話ができないコーダも少なくない。聞こえる子どもに対して親が声を出して話しかけたり、親が手話を使う場面を見せなかったり、聞こえる祖父母に育児を任せたり、理由はさまざまである。

親が積極的に、または自然に手話で話しかけようとしなければ、子どもは手話を獲得する機会を得られない。それでも親とのやりとりは皆無ではない。幼い頃はホームサインのようなものが使われていると思う。また、指差しや視線で会話する技術もあると思う。

しかし、聞こえる子が日常の膨大な言語活動のなかで音声日本語を発達させるように、手話も親をはじめとするたくさんの他者との言語活動のなかで発達するものだ。手話で話す対象が親だけで、その親の表出するものが幼児期に使っていたものから変化しなければ、子どもは自らの手話を発達させられない。そのうちに耳から入ってくる音声日本語の受容量が多くなるにしたがって音声日本語が優勢になり、手話は幼い頃に使っていたホームサイン、または語レベルの使用に留まってしまう。

また、両親以外の大人たちの態度にも影響される。祖父母をはじめ周囲の大人たちが、ろうの両親にどのように接しているか、ろうの両親をどのように評価しているかだ。もし、周囲の大人たちが自分の両親に好意的でなければ、子どもは自分の親を尊敬することができない。結果的に、ろう者やろう者の言語である手話を受け入れられなくなる。

しかし、手話ができないと言いながら、指差し・目の動き・口形・あごや頭の動きなど、手話の標識（ＮＭＭ）[※1]を使いこなしていたりする。そして、手話ができないことに対して、心の奥に罪悪

※1 手話の標識（NMM：non-manual marker）＝NMMは非手指標識のこと。手話における手指以外の要素で、頭の動き、あごの位置、眉の位置、目の開き方、視線、口型などを指す。

感を抱えているように思える。かつての私はこの状態だった。

②手話ができるコーダ

一番多いのは、手話ができて、両親のための通訳を担っているコーダではないだろうか。コーダとしてイメージされる代表的な例だ。そして、映画やドラマに登場するコーダも、たいていはこのタイプだ。

彼らは、幼い頃から両親やその友人たちが交わす手話を見て、自然に手話を獲得する。きっと、彼らに接するろうの大人たちは、当たり前のように手話を使い続けていたのだろう。または、手話以外の言語（日本語）をもっていなかったために、結果的に手話を見せることになったのかもしれない。

子どもが手話と日本語を使えるようになると、親は深く考えずに子どもに通訳をさせる。子どももそれに応えようとがんばる。それは自然なことではあるが、子どもが通訳できる話題は限られている。自分が理解できることしか通訳はできないものだが、一般の大人たち、両親でさえそのようなことは知らない。手話ができれば通訳できると思っている。家庭内で難しい課題を日々突きつけられることは、つらいものだ。

しかし、子どもはいつまでも子どものままではない。年齢が上がるにしたがって知識が増え、理解力も高まる。それによって通訳できる領域も広がるが、その通訳が提供されるのは、家庭内、両親に限定されることが多い。それは、コーダの手話使用が家庭内に限定されることが多いからかもしれない。

③手話通訳活動をするコーダ

手話ができるコーダが、家庭内で両親のための通訳をするだけでなく、家族以外のろう者のために手話通訳を提供するようになるには、どのような経緯があるのだろうか。コーダが、両親以外のろうコミュニティと接触する機会があったかどうかが、鍵となるのではないかと思う。

手話通訳をするコーダは年代によってさらにタイプが分かれる。

手話通訳制度がなかった時代、手話通訳を担っていたのはコーダなどろう者に近しい人たちだった。科学的な通訳養成プログラムなどない時代で、自ら経験を積み重ねることで手話通訳技術を高めるしかなかった。しかも、手話通訳者の数も多くはなく、自分以外の人の手話通訳を見る機会も少なかっただろうから、自分の手話通訳の是非を検証することもままならなかったと思う。親と一般社会の窓口を担ううちに、仲介者的な通訳になることも多かったのではないだろうか。

一方、手話通訳制度ができてからのコーダは、先輩コーダたちと少し異なる。彼らは、幼い頃から両親が手話通訳を使う場を見ている。学校での三者面談や小児科の診察室での症状説明など、自分自身に関することが手話通訳対象になったことも多いだろう。手話や手話通訳が社会的に認知されつつある時代に育ったこともあり、手話通訳は専門的な仕事であり、技術・知識が必要だと認識している。

手話も通訳も、親をはじめとするごく身近な人たちに向けられていれば、コンテクスト（背景知識）を共有していることが多く、手話の表出が多少おぼつかなくても、理解してもらえることがある。しかし、そのままでは伝えられることが限られてくる。そこできちんと手話通訳技術を学ぶ機会を得られれば、コーダは手話通訳者として活動できるようになる。

どんなに手話ができても、手話で会話することと手話通訳をすることは違う。話し手の伝えたいことをきちんと理解し、受け手が聞きたいことをきちんと伝える。それはしかるべきトレーニングなしにはできない作業だ。無意識に積んだ経験が結果的にトレーニングになっていたということもあるし、何かのきっかけできちんとトレーニングしようと奮起することもあるかと思う。いずれにしても、トレーニングなしには通訳活動はできない。

私を手話通訳に向かわせたもの

私を手話通訳の世界に向かわせたものは何だったのだろう。両親がろうあ協会の役員をしていたこと。役員会がわが家で開かれて、いやいやながらも活動の様子を見る機会があり、いやいやながらもお手伝いの機会をもらったこと。初めはわからなかった手話がわかるようになりうれしかったこと。言葉がわからない体験がとてもいやで、そのような状況を放置したくないと思ったこと――。

きっとさまざまな要因が重なったことで、私は手話通訳の世界に足を向けたのだ。それは多分に成り行きではあったのだけれど。

いつの間にか始めてしまった手話通訳活動だが、継続するには自分の意思が働いた。手話通訳活動には喜びと無力感が付きまとう。少しでも役に立てばうれしいが、それでもその達成感は微々たるもので、改善しきれなかった課題を思うと悔しさや無念さを覚える。

達成感があるから次もがんばろうと思い、無念さがあるからこそ次もがんばろうと思う。手話通訳者仲間と話をするなかで視点が変わり、ろう者と話すなかで新たな疑問が生まれる。課題がなくならないからこそ続けてきたと思うし、通訳を介してもたらされる知識や視点、感情などがあるからこそ続けられたと思う。

こうして手話に関わるようになって40年近くになる。手話がわからないと泣いていたときもあったのに、いまでは手話や手話通訳に関わる仕事をしている。私の幼い頃を知っている人たちも意外に思っているだろうが、一番信じられずにいるのは自分自身だ。人生何が起きるかわからないものだ。ここまで育ててくれたたくさんの人たちへの感謝をこめて、この三十数年を振り返ってみたいと思う。

両親

2 中途コーダ誕生

伯母の家

多くの方々は、コーダはろうの親に育てられるから、幼い頃から手話が達者で、ろう者の文化と聴者の文化をもっていると思われるだろう。しかし私は、こうしたコーダのイメージからはかけ離れた子だった。

私は生後8か月のときに母の病気のため、伯母（母の姉）の家に預けられた。伯母の家は母の実家の近くにある。祖父母の家で過ごした時期もあったが、小学校に入学してから卒業式の日までは伯母の家で育ててもらった。初めは言葉を覚えるまでという予定が、もう少ししっかりするまで、もう少し自立するまでと、親元に帰される日が延ばされていたのだ。

伯母の家には10歳上と9歳上のいとこがいた。いとこたちも幼い頃、伯母の病気療養のため、それぞれ父方と母方の実家に別々に預けられていた経験がある。上のいとこは母方の実家に預けられ、まだ嫁ぐ前だった私の母が面倒をみていたという。

そのような経験もあって、私を伯母のところに預ける話が進んだのではないだろうか。そして、伯母は自分の経験から、子どもをよそに預けざるを得ない母親の気持ちがわかっていたと思う。

私が伯母の家に預けられた理由は、第一には母の病気のためだ。そして第二の理由は、両親がろう者だったためだ。ろう者は聞こえる子どもに言葉を教えられないだろう、子どもを育てられないだろう、と心配されたのではないだろうか。

当時のろう者は「できない人」と思われていただろうから、母の実家がそう考えたのも無理はない。確かに祖母は事あるごとに「あんたのお母ちゃんは聞こえないから」と口にした。「聞こえないから」に続く言葉はなかったが、そこには、ものがわからないとか、できないというマイナスのニュアンスを感じた。

あんたのお母ちゃんは、本当にがんばり屋さんだった

しかし、伯母やその家族たちは、母のことをマイナス扱いしなかった。いとこは母に面倒をみてもらっていた記憶があり、その当時のことをいろいろと聞かせてくれたし、伯父も伯母も祖母が言うような口調で母を語ることはなかった。むしろ、母を評価していた。

母はろう学校の小学部に入学するときから、寄宿舎に入っていた。母がろう学校に入学した4年後、伯母も女子師範学校に入学するため下宿生活を始めた。昭和10年代のことだ。休みの日には2人でいっしょに帰省したらしい。母はその道中、文の書き方や漢字の読み方を教えろと言い、本を取り

出してはどういう意味かと尋ねたという。

「寄宿舎に送り届けて別れるときも、泣いたり駄々をこねたりすることはなかった。あんたのお母ちゃんは、本当に頑張り屋さんだった」

と、伯母から聞かされた。それは、1人だけ家族と離れて暮らす私に向けた教えだったかもしれないし、いずれ親元に帰る私に母親のイメージをインプットしておこうという配慮だったのかもしれない。

そのような伯母の配慮が功を奏したのか、私はろうの両親を卑下することはなかった。後述するように、言葉が通じないことや生活習慣の違いを不愉快に思ったりはしたが、両親が〝できない〟人たちだと思うことはなかった。

子どもを人に託すことも、逆によその子どもを預かることも、簡単なことではない。伯母の家にいた頃は、なぜ自分だけ姓が違うのか、なぜ離れたところに別の親がいるのか、不思議だった。しかし、伯母の家は居心地がよかった。伯母にも伯父にもいとこたちにも、大切に大切に育ててもらったのだと、いまさらながらありがたく思う。

母がどのような思いで私を伯母に託したか、伯

伯母さんと家の前で

母がどのような思いで私を連れ帰ったか。いまでこそ容易なことではなかっただろうと想像できるが、子どもの頃は自分のことしか考えていなかった。母や伯母に無神経な言葉を投げつけてはいなかっただろうか。それぞれの思いを後から思いやることしかできないことが悔しい。

怒っていた私

中学1年生のとき、私の生活は変わった。私は怒っていた。毎日が不愉快の連続だった。そのような毎日になることをチラリとも想像せず、希望的観測だけで新たな生活を選択した自分を怒っていた。もちろん幼い頃から、別の家に両親と兄がいることは知っていた。そして家族がろう者で手話を使うことも知っていた。ときどきは親の家にも行っていたし、そのときは私も手話のようなものを使っていたような気がする。

だから、中学入学を機に親元に帰っても支障があるとは思ってもいなかった。それどころか、長く離れて暮らしていた親子が晴れていっしょに暮らし始めることに、憧れのような期待さえ抱いていた。ところが、現実は違っていた。生活パターンが違う。食卓に出てくるものが違う。そして言葉も違っていた。私は12歳で、それまでいっこうに気にしたこともなかった〝言葉の壁〟というものにぶち当たってしまった。

私の母は口話ができたほうだと思う。私には、母の発音がよくわかった。ところが私の発音は、母にはわかってもらえなかった。さらに、私が使える手話では、私の話したいことは伝わらなかった。

12年ぶりに実の親子がいっしょに暮らすことに双方が何かしら期待していたと思う。しかし、次々と起こる食い違いや違和感はあっけなく期待を打ちくだき、お互いをいらいらさせた。期待どおりではない暮らしに、どのように対処すればよいのかわからない毎日が続いていた。そのような生活を選んだ自分が、本当に腹立たしかった。

両親も、初めて聞こえる娘と暮らすことに戸惑いがあったのではないかと考えられるようになったのは、ずっと後になってからだ。

避ろう室

当時のテレビは、画面に字幕など出なかった。ろう者だけで生活しているうちは、テレビの内容がわからなくても仕方がないとすませられた。それに、聞こえなくても画面でわかる情報もあった。しかし、いまは聞こえる娘がいる。聞こえているのだから内容を教えてくれるに違いない、と母は期待した。ところが、娘はいっこうに教えてくれない。仕方がないから聞いてみる。

〈何？　何？〉

娘は黙って答えない。そこでもう一度聞いてみる。

〈何？　何？〉

すると娘は答えた。

「わからない〈わからない〉」

聞こえているのにわからないはずがない。これはきっと面倒だと思っているに違いない。または親の状況を理解していないのか。

「おかあさん、耳聞こえません。のりこさん、わかりませんか」

娘は、ぷいっと立ってトイレに行ってしまった――。


私はどうすればいいかわからなかった。〈何？〉と聞かれても、何度催促されても答えようがなかった。日常会話さえままならないのに、どうしてテレビの内容を伝えることができようか。ドラマは大人の世界でそれを口にするのは憚《はばか》られたし、ニュースは自分が理解するのも難しい内容だった。

それらの思いを伝えるには私の手話はあまりにも未熟であり、母の希望にはそえない。それを説明することすらできない私は、その場から逃げてトイレに隠れるしかなかった。私はここを「避ろう室」と呼んだ。

来客が多い家

だいたい母は、日常会話もできない娘がテレビの内容を手話で伝えられると思っていたのだろうか。きっと思っていたに違いない。母だけでなく、わが家を訪れるろう者たちも、ろうの親をもつ子どもは無条件に手話ができると思い込んでいるところがあった。そして、聞こえれば通訳ができると思っているのだ。

当時、宮城県庁と仙台市役所に1人ずつ手話通訳者が雇用されていた。この2人はどちらもコーダだった。手話ができて、手話通訳の仕事をしている。まさにコーダの鑑だ。そのような人たちが身近にいると、ろう者はコーダ（当時はまだ〝コーダ〟という語は使われていない）のことを、手話ができて当たり前、手話通訳ができて当たり前と思うようになる。その枠に入れない私は、本当に肩身が狭かった。

わが家は来客の多い家だった。娘が戻ってきたそうだから見に行ってみよう、という気持ちもあったのかもしれない。そして来る人たちは一様に〈私のことわかる?〉と手話で聞くのだ。しかし、申し訳ないがわからない。母にはいつも使っていたから〈わからない〉の手話は知っていたが、来客に面と向かって〈あなた、わかりません〉と言うほど非常識な子でもなかったので、苦笑いしながら逃げた。避ろう室であるトイレに。

毎回、〈私のことわかる?〉と聞かれるたびに逃げ出すのも大変なので、しだいに、足音が聞こえると戸が開く前に隠れるようになった。また、テレビの前に座っていると母が懲りずに〈何? 何?〉と聞いてくるので、テレビからも離れるようになった。

しかし、わが家は二部屋しかない借家で、体を隠せる個室はなかった。窓際に自分用の本棚があったので、いつも室内を背に、窓を向いて本を読んでいた。客にあいさつもせず、いつも背を向けて本ばかり読んでいる娘を、両親はどのように見ていただろうか。

会話なしコース

その頃、私は自分で処理しきれないことがあると、避ろう室に逃げ込んでは泣き、1日を振り返っては布団の中で泣いた。田舎から県庁所在地の学校に出てきて、都会の学校生活をエンジョイする予定だったのに、エンジョイどころか毎日泣きはらした目をしていた(だから布団の中で泣くのはお勧めしない)。

1か月もすると、そのような毎日が馬鹿らしくなってきた。親子だから話が通じると思うのは間違いだ。話そうと思うから通じないことに苦しむのであって、端から話をしなければ問題ないではないか。もう家族とは必要以上に話をしない、と決心すると少し楽になった。

会話なしコースを選択したので、手話ができるようになるはずもない。しかし、指文字は覚えた。兄が、ろう学校高等部の修学旅行で留守にする5日間で覚えておけと、分厚いコピーを置いて行った。あいうえお順に手のイラストが描かれていた。帰宅したらテストすると言われていたので、必死に覚えた。

テストでは、〈う〉と〈と〉、〈ゆ〉と〈わ〉がこんがらがったりしたが、一応合格と言ってもらえた。少しでも家族の会話が増えるようにとの、兄の心づかいだったのかもしれないが、指文字が会話の助けになることはなかった。

鉄のふすま

家族4人が揃って生活したのはわずか1年ばかりで、その後、兄は県外の学校に進んだ。兄が使っていた勉強机を使えるようになり、本棚と机が置かれた窓際の1帖足らずのスペースが自分の居場所になった。会話こそ増えなかったが、ここでの生活にも少しずつ慣れ、この調子でうまくやっていけるのではないかと思ったこともあったが、現実はそう甘くなかった。

2対1で穏やかに過ごしていたわが家は、兄の帰省で一変する。避ろう室にこもることは少なくなったものの、それでも毎日、仏頂面の娘を目にしていたのでは、母も楽しくなかっただろう。そこに、話し相手になるかわいい息子が帰ってくるのだ。何時間話しても話が尽きることはなかっただろう。

いつもは帰宅の遅い父も早々に帰って、家族4人で食卓を囲む。ろうの親子3人は団らんを楽しんでいるが、私には何も楽しいことはない。早々に食事を切り上げて自分の居場所に移動する。3人の団らんは続いている。

深夜、カタカタという音で目を覚ますと、ふすまの向こうではまだ団らんが続いていた。隣の部屋で手話をすると床が振動するし、ふすまがカタカタと鳴る。ぴったりとは閉まらず隙間から明かりを漏らしている薄っぺらいふすまが、こちら側とあちら側を隔てる鉄のふすまのように思えた。

中学生の頃

親戚大集合の場で

父も母も兄弟が多かった。父の兄弟にろう者はいなかったが、母のほうは、7人兄弟のうち4人がろう者だった。4人のうち母を含む3人が結婚し、それぞれの配偶者もろう者だった。子どももそれぞれ2人ずついた。

この子どもたちは、ろう者であるうちの兄以外、みなコーダである。いとこたちは、みんな幼いときから手話を使っていた。私が親元に帰って手話ができずに悶々としているとき、年下のいとこたちはすでに親の耳代わりを務めていた。

親戚の集まりの場では、けっこう手話が飛び交う。この親戚たちも曲者で、やはりろうの親をもつ子どもは、無条件に手話ができると思い込んでいる。

ある日、母方の祖父母の金婚式を祝う会が開かれた。母の兄弟、配偶者、いとこたち総動員である。会食中は、自然に聴者グループとろう者グループに分かれて歓談していた。

会の最後に祖父があいさつをするため立ち上がった。するとろう者グループの視線が一斉に私に向けられた。祖父のあいさつを通訳しろというのだ。そんなの無理。だって日常会話さえできないのだから。通訳なんてゼッタイ無理。そう説明できたら問題はないが、1年たっても私の手話は上達していなかった。

私よりもコーダのいとこたちのほうが、よほど手話を使えていた。それなのに、視線はコーダいとこたちのほうには向けられない。それもやむを得ない。私の次のコーダいとこは、そのときまだ小学2年生だったのだから。

しかし、年長であっても、コーダであっても、通訳することはできず、私はその場を逃げ出した。避ろう室であるトイレへ。すると、その日は母や伯母、いとこまでが私を追ってきた。そしてトイレの戸の外で口々に言った。

「出ておいで。そんなに嫌ならいいから。出ておいで」

違う。そうではない。通訳することが嫌なのではない、できないのだ。みんな大人なのにどうしてわからないのだろう。嫌で通訳しないのではない。できるものならとっくにしている。それを説明することすらできないから、こんなに困っているのに。なぜ、みんなわからないのだろう。言葉の壁は高く厚い。なかなか越えられそうになかった。

結局、祖父のあいさつはどうなったのだろう。せっかくのお祝いの席を台無しにしてしまった。

その後、冠婚葬祭その他で親戚大集合となっても、私以外のコーダが通訳する場面はなかった。もちろん、コーダたちも親と聴親戚の間のこまごました会話などの通訳はしていたが、大勢の注目を集めるような通訳はしていなかったと思う。

私が徐々に手話通訳活動を始めると、親戚の集まりでの手話通訳は私の担当となった。本当は、手話を覚えたての私よりも、いとこたちのほうが手話は堪能だったし、通訳にも慣れていたと思う。それでも、その通訳は家庭内に限られていたし、いとこたちが手話通訳養成講座に通ったり、登録手話通訳者になることもなかった。

3

両親の策略にはまる？

仲介役

私は自分の学校行事で手話通訳者と同席したことはない。当時、県庁と市役所に手話通訳者が採用されたばかりだったということもあるが、私が授業参観や保護者会の案内を親に見せなかったせいでもある。

一度だけ、子ども抜きの二者面談で母と手話通訳者が学校に行ったことがあったと思うが、それ以外の家庭訪問や三者面談では、私が仲介役をしていた。それは手話通訳とは言えないものだった。担任もろう者を相手に、どのように接すればよいのか戸惑っている様子だったし、とりたてて話し合わなければならない事項もなかったとみえて、いつも、

「しっかりしたお子さんです。学校でもよく頑張っています。おかあさんから何かありますか」「私、大丈夫」

〈はい、ありがとうございます〉［特にありません］

「では、このへんで」［終わり］

と、1分足らずで終了していた。

進路を決めるときも、

「本人の希望のところで大丈夫でしょう」「高校、大丈夫」

〈そうですか、よろしくお願いします〉「わかりました」

という調子だった。私はそれで問題なかったが、母は何か思っていたかもしれない。

後になって、母が手話通訳者に相談していたことを知った。母だとて新米の母親ではない。学校でどのような行事があるか、面談でどのような話が交わされるのか、承知していたはずである。それでも私に何を言うわけでもなかった。娘の態度に何か思うところがあったのだろうか。

懸案は家の中にこそ

手話通訳をしてもらう機会はなかったが、コーダの手話通訳者はよくわが家に立ち寄った。両親と話す合間に、避ろう室に退避している私を呼びつけては、いろいろと忠告をした。あいさつの仕方に始まり、お茶の淹れ方や出し方まで、細かいことを教えようとした。そして、

「私たちはね、きちんとできていて当たり前。もし、行儀が悪かったり、ものを知らなかったりすると、〝ろう者の子どもだから〟と言われるからね。いつもちゃんとしてないとだめなのよ」

と諭した。〝私たち〟と言われても、当時の私は〝私たち〟に自分が含まれるとは思っていなかっ

た。自分がろう者の娘と見られているという自覚もなかったので、せっかくの忠告もピンとこなかった。私の懸案は、家の外ではなく家の中に存在していたのだから。

6年間の辛抱だ

親と話ができないという不愉快を感じないようにするため、私は親と必要なこと以外は話さない戦略をとっていた。それと同時に、高校を卒業したら家を出ようと決めた。絶対に県外の大学に行くのだ。それまで6年間の辛抱だと決心したら、毎日が楽になった。逆に親と顔を合わせる余裕も出てきた。

話ができないと言っても、常に家庭内がピリピリしているとか、ギスギスしていたわけではない。普通に食事をしたし、いっしょにお茶を飲む時間もあった。

わが家は仕立て屋だったので、私の衣服は、両親が仕立てたものも多かった。自分でデザイン画を画き、父が型紙を起こし、母が縫ってくれた。思い通りのものができあがってき

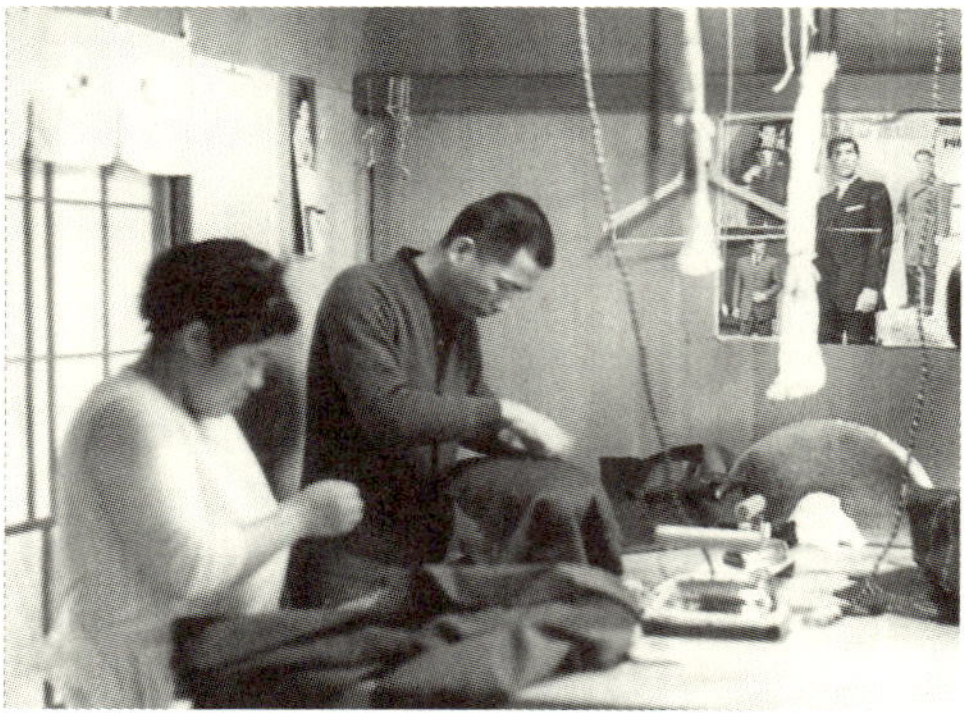

仕事をする両親

たので、言葉以外のコミュニケーションはあったということだろうか。

きしゃきしゃっつい子ども

幼い頃の私は、きしゃきしゃっつい子どもだった。

〝きしゃきしゃっつい〟とは、宮城の方言で〝小生意気〟というような意味だ。祖父は教育委員長だったというし、伯父も伯母も教育者だったので、周囲の子どもたちよりはたくさん言葉を知っていたと思う。思ったことははっきり口にし、筋の通らない話は納得しなかった。まさにきしゃきしゃっつい、小生意気な子だった。ところがそんな私は、中学入学を機に親元へ戻ったとたん、言葉に悩まされることになった。まるで、それまでの傲慢さに対する罰であるかのように。

言葉の壁は家の中にあるだけではなかった。田舎から県庁所在地に出てきた私は、なんとなく新しい同級生たちと言葉のテンポが違うような気がした。小学生の頃、自分はそれなりにはきはきしていると思っていたが、周囲にはもっとはきはきしている子がたくさんいた。また、多くが同じ小学校から来ているというなかで、他校から転入した私は新しい友だちをつくれずにいた。

しかし、友だちがまったくいなかったわけではない。向かいの家に同い年の女の子が住んでいた。中学入学以前から親元に泊まりにきたときは、その女の子と遊んでいた。家で両親と話が通じなくても、その子と話すことで気がまぎれたし、同じ中学校に通えるのは心強かった。

私の心の支えになってくれていたが、その子もその友だちもおとなしい子たちだった。人間はコミュニティごとに物差しをもつ。学校というコミュニティでは成績や活発さなどが物差しになる。成績がよく活発ではきはきしている子は、自分が全権をもっているかのように錯覚しがちだ。その子たちの間違った言葉の針が、私の唯一の友だちに向けられていた。それは教室の隅で、または廊下ですれ違いざまに投げつけられた。

「何やってんの？　早くしてよ」

「そんなこともわかんないの？」

言われたほうは、反論することもできず、ただ黙って言葉の攻撃が過ぎ去るのを待つしかない。「ちょっと待ってよ」とか「わからないものはわからない」と言い返してやればいいのに、と私はやきもきして見ていたが、言い返せばさらに次の攻撃を受けることになる。または、言い返す言葉を見つけられなかったのかもしれない。

成績がよくて快活であること、はっきりものを言うことこそが評価されると思っているかのような行為。自分の物差しだけですべてを測り、受け手を思いやることなく針のような発言を繰り返す。しかしそれはまさに、それまでの自分の姿ではなかったか。発言に苦慮するようになって初めて、発言しているときには気づかない発言者の姿が見えた。言葉は凶器になる。言葉は受けとめられるために発せられなければならない。そう気づかされる出来事だった。

田舎から出てきた無口な子

それから私は発言に慎重になった。家に帰っても家族と話すことができない。学校ではあまり話したくない。発信量が減った分、周りの様子を見る習慣がついたのかもしれない。席を決めるときも写真に写るときも、全体が見渡せるような位置をとることが多くなった。

田舎から出てきたあまり話さない子、入学当初の私は、そのようにみなされていたと思う。しかし、口数と成績は比例するわけではなかった。私は、家族団らんに使う時間を勉強にあてるしかなかったおかげで、試験の成績はよかった。それは、件《くだん》のはきはきした子たちにとっては不愉快なことだったようだ。

そして悪いことに、中学3年生になったとき、私たちは同じクラスになってしまった。田舎から出てきた無口な子のくせに、生徒会の役員をして、試験のたびに名前があがる。不快度はどんどん増していき、ついにいじめたくなったのだと思う。

あるときから私は、クラスの大半の女子生徒から無視されるようになってしまった。しかし、人と話せないことに慣れていた私は、その状況を苦しいとは思わなかった。学校が家の延長になっただけだから。

ただ、修学旅行の班分けのときは少し困った。もちろん、はきはき組の班には入れてもらえない。他に特に仲のよい女子もいなかったので、どうしようかと考えていたら、それまで会話することもなかったグループの子たちが手を差し伸べてくれた。ちょっと突っ張っていて成績のぱっとしない子たち。主流派ではない者同士と思ってくれたのかもしれない。

彼女たちのおかげで、修学旅行はつつがなく終えることができた。修学旅行をきっかけに彼女たちとつるんで遊び歩くようになった、という劇的な変化はなかったが、彼女たちとは言葉を交わすようになった。違う世界に触れたような気がした。

卒業式の日、はきはき組の子たちから謝られた。

「ずっと無視し続けてごめんなさい」

意地悪に屈しなかった私を評価してくれたのか。謝ることで後腐れなく卒業していけると思ったのか。しかし、私は彼女たちのために苦しかったとか悲しかったとか思っていたわけではなかったので、謝ってもらうほどのことではないと思った。逆に、言葉の大切さに気づくきっかけをもらえたし、もしかしたら、親しく会話することもなく離れてしまったかもしれない子たちと近づく機会をもらえて、ありがたいとさえ思っていた。いま思えば確かにかわいげのない子だ。

策略

6か年計画も残り1年となり、私の生活もだいぶ落ち着いてきた頃、わが家に来客が多くなった。

毎晩毎晩、数人が集まっては遅くまで話をしている。例によって足音が聞こえたら、もう一つの避ろう室に加えていた勉強机に逃げ、極力、来客と顔を合わせないようにしていたし、手話もわからないままだったので、来客が何のために集まり、何を話していたのかは知らなかった。

ところがある日、いつものように室内に背を向け、せっせと受験勉強をしている私の肩をたたく人がいた。振り返ると、客の1人が封筒の束を持って立っている。そして、私にその封筒とノートを差し出して〈お願い〉と言った。

ノートにはたくさんの人の名前と住所が書かれていた。どうやら封筒の宛名を書けということらしい。〈いま勉強中。そんなことやってるヒマありません〉と手話で言えない私は、封筒とノートを受け取って1通1通宛名を書いていった。

その後、何度か封筒とノートを渡された。私はいつも、手話で断る苦労と200通の宛名を書く苦労を天秤にかけては、宛名を書くほうを選択し続けた。一度、前例をつくってしまうと、2度目を断ることは難しくなるのだ。

封筒とノートを持って来るのは、いつも来客の1人だった。これが両親の策略だったかどうか、すでに両親が他界したいまとなっては確認する手立てがない。

宛名書きに慣れた頃、父が私に紙を差し出した。市役所に手話通訳派遣を依頼する文書だった。赤ペンを出して〈直して〉と言う。ところどころ言い回しのおかしいところがある依頼書をしばらく睨んでいると、ファイルに綴られた別の書類を見せられた。以前、別件で提出したもののコピーのようだ。これを手本にして、父の書いた依頼書を添削しろということか。

ここでもまた、手話で断る苦労と文書を添削する手間を天秤にかけ、添削するほうを選択してしまった。すると次からは、手本となる文書のコピーと、日時・会場・催事名などが書かれたメモを渡されるようになった。

確認はできないが、これは絶対に両親の策略だったに違いない。

父は、仙台市の聴覚障害者団体の会長だった。

4

6か年計画、頓挫す

大学のお金払う難しい

両親の策略や来客による妨害にも負けず受験勉強を続け、いよいよ大学受験となった。両親の目の前に、志望する大学のパンフレットと受験案内を並べた。もちろん、計画通り県外の大学である。

両親は何も言わなかった。

すでに県外で仕事をしていた兄のアパートに宿泊して大学入試に臨んだ。受験前日、兄がお世話になっているという手話通訳者に夕食をごちそうになった。初めて口にするシャリアピンステーキをごちそうしてくれた人は、とても有名な手話通訳者だと後に知った。

しばらくすると合格通知が届いた。やった！　晴れて脱出だ！

引越しはどうするか、キャンパスライフとはどういうものかと胸を躍らせていた私は、ある日、父に呼ばれた。

〈大学合格おめでとう〉

いよいよ引っ越しの相談か。もうすぐ6年間の辛抱から解放されるのだ。

〈おとうさん、大学のお金払う難しい〉

え？

〈おとうさん、お金ありません。大学のお金払う難しい。あきらめるお願いします〉

どうやら、学費を払えないから入学させられないと言っているようだ。確かに、合格したのは私立大学の理学部で、入学金や授業料が高かった（公立のほうは落ちた）。

しかし、それは出願の時点でわかっていたことではないのか。大学のパンフレットと受験案内を

父と。高校3年生

見せたときに、ダメともムリとも言わなかったではないか。それとも、娘が合格するとは思わなかったということか。兄の希望はかなえてやったのに私はダメなのか――。などなど、いろいろな思いが渦巻いたが、どれも両親に伝えることはできなかった。私の6か年計画は頓挫してしまったのである。

理不尽な電話

親元に戻って7年目の春、浪人生活が始まった。高校を卒業してしまったので、日中の脱出先がない。図書館にでも行こうかと思ったが、計画頓挫のショックから立ち直れなかった私は、まだ勉強を再開する気になれなかった。それなのにわが家は、失意の私をそっとしておいてくれるような家ではなかった。とにかく来客の多い家だったのだ。

朝9時近くになると、もう来客第1号がやってきた。これでは、二部屋しかない家で朝寝坊することはできない。昼になって客が帰ると、次は午後の客がやってきた。午前の部は老人部（高齢部）で、午後の部は婦人部（女性部）である。そして夜になると、私の受験勉強を妨害していた役員の面々が集まった。

母は自宅で洋裁の仕事をしていたが、来客のたびに仕事の手を休めて相手をしなければならなかった。わが家の食事が犠牲になることも多かったが、仕事の納期を守れないという事態も少なくなかった。

私はそのたびに、納品先にお詫びの電話をかけさせられた。が、母は私にメモを渡すと電話から離れてしまう。電話では相手からの話もあるということに思い及ばなかったのか。1回の電話で、何度も電話口と母の間を行き来しなければならなかった。そして、「申し訳ありません」と詫びるのは私だ。自分に落ち度があるわけではないのに、頭を下げなければならないのは理不尽だと思った。やはり早々に脱出すべきだった。

午前の老人部

娘に理不尽な電話をかけさせてまで、相手をしなければならない客なのだろうか。朝9時から勉強する気にもなれなかった私は、見るともなく、午前の老人部の会話を見ていた。手話はさまざまだったが、比較的動きが大きくはっきりした手話が多かった。

何度か見ていると、(あれ、これは前にも見たような気がするぞ)と思うことがあった。まだビデオカメラなどない時代だったが、幸いにも老人は同じことを何度も繰り返し語る性癖があるらしい。おかげで、同じ談話を繰り返し見せてもらえたのだろう。こうして次第に老人部に同席するようになった。

見ているうちに、ジグソーパズルのピースのような談話の断片だけはわかるような気がしてきたが、全体像をつかむことはできなかった。すると、横にいた母が、談話をかいつまんで教えてくれた。口話でだ。

しばらく手話を見て、ギブアップとなると、母を見た。母の解説を聞いてから、また手話を見た。おじいさんはニコニコと何度も同じ話を繰り返してくれた。

福祉大学へ

午前の老人部に参加するようになって7か月ほどたったころ、また大学に願書を出す時期になった。今回は父親から、

〈大学県外はお金難しい。大学はここ（地元）でお願いします〉

と言われていた。

老人部のおかげで、少し手話にも慣れ、ろう者と同席することにも慣れてきた。ろう者の足音が聞こえても避ろう室に逃げることは少なくなり、なんとしても脱出しようという意気込みも薄れていた。親の資金援助を期待せず自力で県外の大学に進むことと、若干の手話対策やろう者対策は必要だが経済的には安定した環境で学業を続けることを天秤にかけ、経済的安定を選択し、地元の大

学を受験することにした。

当時、県庁と市役所に雇用されていた手話通訳者はどちらもコーダだった。そのため、わが家を訪れるろう者は、みな私の将来を考えては、

〈のりこちゃん、手話通訳仕事よい〉

と言った。昔のろう者は、コーダであれば手話通訳ができると思っていたのだろうか。逆に手話通訳ができないコーダはいなかったということか。手話で話すこともできないのに手話通訳なんてあり得ないと思っていたが、ろう者のことを考える仕事は、候補のなかに入れてもいいかもしれないと思った。

理学部と社会福祉学部に願書を投函した頃には、手話の談話のジグソーパズルは、まだところどころに穴があいていたものの、それなりの絵になってきていた。

その後、福祉大学から合格通知が届いた。その合格通知を見て大いに喜んだのは、朝、昼、夜とわが家を訪れる来客たちだった。ちょっとうれしかった。

聾唖者問題研究会

こういう人生もありかもしれないと福祉大学に通い始めると、同級生に聴覚障害の学生がいた。

彼らは、私がそれまで接していたろう者たちとは違う手話で話した。声もはっきりしていて、彼らの話すことはよくわかった。

そして、学内には手話サークルというものがあった。身内にろう者がいるわけでもないのに手話を勉強したいと思う人がいるなんて、信じられなかった。

また、手話サークルとは別に、ろう者の社会的な問題を研究する「聾唖者問題研究会」という会もあった。そういえば、夜の部の来客たちは聾唖者問題研究会の手話学習に協力しており、盛んに私に入会を勧めていた。

たくさんの人がろう者に関わろうとしているのに、ろう者を親にもつ自分が手話もできないというのはちょっと間違っているかもしれないと思い始めた。そこで、来客たちのお墨付きである聾唖者問題研究会に入会することにした。

家の外からの見方

その年、聾唖者問題研究会の研究テーマは「ろう者と保育」だった。ろう者が子育てをする際の諸問題を研究するという内容だったが、自分のことを取り上げられているようで面はゆかった。

私は、両親をはじめ、ろう者が子育てに苦労しているとは考えたこともなかった。それまで、自分こそ大変だとばかり思っていたが、家の外では、両親たちろう者こそが障害者であり問題を抱えている、と思われていることを知った。「障害者」とは本人が決めるのではなく、当事者ではない人たちが決めるのだと思った。

大学でろう者と関わり始めた私を見て、兄が「第14回全国ろうあ青年研究討論集会[※2]」に誘ってくれた。隣県で開催されるということもあり、研究会のメンバーたちといっしょに参加した。

集会には、それまで見たこともないくらい若いろう者がたくさん集まっており、分科会では「青年運動と国際障害者年」や「青年とモラル」をはじめ、労働や教育、文化・スポーツ・レクリエーションなどいろいろなテーマで討論が行われていた。若者たちがいろいろな問題意識をもっていることに驚いた。やはり、ろう者は問題を抱えているということか。兄はどのような意見を述べていたのだろうか。

※2　全国ろうあ青年研究討論集会＝全日本ろうあ連盟青年部が主催する討論集会。現在は、全国ろうあ青年研究討論会。第14回全国ろうあ青年研究討論集会の分科会テーマは次のようなものだった。①青年運動と国際障害者年、②労働と国際障害者年、③生活と国際障害者年、④文化・スポーツ・レクリエーション、⑤教育と国際障害者年、⑥青年とモラル、⑦手話と国際障害者年、⑧運転免許運動。

恥ずかしかった自分

聾唖者問題研究会は、研究と並行して手話学習に取り組んでいた。いつもわが家を占領している来客たちが先生となって、小グループで会話を進めていた。

私は、手話で話されることはだいたいわかるようになっていたが、自分から手話で話すことはできなかった。しかし、研究会にはろうの同級生もいたので、私は彼らと話すために手を動かすようになった。それでも、日本語を話しながら、ところどころで手が動く程度で、両親や来客たちと同じものにはならなかった。

研究会の例会では、先輩や高校のときから手話をやっていたという同級生が手話通訳を務めた。私は尊敬のまなざしで同級生を見ていた。

また聾唖者問題研究会はろうあ団体の行事で、ボランティアとして保育を担当していた。私はそこで初めて、いとこではない自分より幼いコーダに出会った。子どもたちはみな、それぞれの親と手話で会話していた。なかには、研究会のメンバーと親の間で通訳をする子どももいた。私は満足に手話で話せない自分がとても恥ずかしかった。

できない罪悪感とできるがゆえの苦労

手話ができるコーダは、幼いころから親と周りの聴者の間に入って通訳をすることが多い。「通訳」と意識せずに話を仲介することも多いのではないか。コーダにとっては、わかるから伝えるという自然な行為だろう。

本来、通訳とは当事者同士のコミュニケーションを円滑に進めるためのもので、通訳者を意識せずに話せるのが理想かもしれない。しかし、幼いコーダが親の通訳をする場合は少し事情が異なる。大人の手話通訳者は、難しい話題も理不尽な発言も、それなりにあしらうことができるが、幼いコーダはそうはいかない。難しい話題についていけなければ落ち込み、親に代わって叱責されても、それを親に伝えることはためらわれる。親の耳には入らない親に対する陰口も、自分の耳には届いてしまう。

逆に、「いつも偉いねぇ」などと褒められるのも居心地が悪い。自然なことをしているのに、なぜわざわざ褒められるのかと違和感を覚える。でも、親が喜んでくれるのはうれしい。

このようにコーダたちは、少し早い年齢から周囲の大人たちと接し、他の子どもたちがあまり経験しないことをたくさん経験して成長していく。手話ができなければできないことに罪悪感を抱き、手話ができればできるがゆえにさまざまな苦労を体験する。

しかし大人になれば、記憶から苦労という文字は消滅する。

第2章 手話通訳者になる

1 〝なんちゃって通訳〟デビュー

川くだりで

私が初めて通訳のようなことをしたのは、中学3年生のときだったと思う。ろうあ協会のプチ旅行で県内の景勝地に出かけたときのことだ。ただついて行けばよいという話だったのに、なぜか川くだりで船頭さんの説明を通訳することになった。

もちろん〝通訳〟と言えるような代物ではない。船頭さんが「右手をご覧ください」と言えば、舳先から右岸を指し、船頭さんが「あの岩は、屏風岩と言って……」と言ったら、口型と指文字で〈ビ・ョ・ウ・ブ・イ・ワ〉と表出する。そして、船頭さんがそれを説明する間は、ニコニコと右岸を指し続けた。1年前のように脱走こそしなかったが（船上だからしたくてもできない）、手話は一言も発しなかった。それでもみんな、いっしょにニコニコと景色を眺めてくれた。

大学に入ってから少し手を動かすようになったが、なかなか両親たちのような手話にはならなかった。同級生たちの手話も両親たちのものとは違っていたし、他の手話サークルの人たちの手話も両親たちのものとは違っていた。両親の手話をそのまま日本語にすることはできない。日本語と語順が違っていたり、日本語で簡単に言い表すことが難しい単語がたくさん出てくるかと思えば、日本語だったら違う言葉で言い表されるようなことも同じ手話単語で表されたりしている。

そこで私は、大学に通う人たちが使う手話と、両親のようなろう者が使う手話は違うのだと結論づけることにした。私の手話が両親たちのような手話にはならなくても、とりあえず手が動いていれば、ゼロよりは進歩だと考えていた。

議事録取り

私は大学に入ってからも、両親のろうあ団体活動の手伝いから放免されなかった。行事案内の作成や発送、講演会などの講師依頼、定期総会の資料づくりなどをさせられた。そのような作業を繰り返すうちに、文書の書き方や言い回しを覚えた。

そうこうしているうちに、母がろうあ協会の婦人部長になった。わが家は、夜の部に加え昼の部でも役員会が開かれるようになった。娘が中学の頃よりは手話が使えるようになったと判断した母は、私に婦人部役員会の議事録を取るよう命じた。

少しずつ手話がわかるようになってきたとはいえ、私の読み取りはまだ心もとない。そこで、会議が始まる前に、議題が書かれたメモに目を通してから記録を始める。しばらくは順調に進むが、そのうちにだんだん話の内容がわからなくなる。資料を手がかりになんとか読み取ろうとするが、どうしてもわからない。

そこで母に助けを求めると、〈はい、話を戻して〉と言う。いつの間にか議題から逸れた話になっていたようだ。いつ話が逸れていったのだろうか。想定外の話題には、まだまだついていけなかった。

通訳台に立たされる

当時、婦人部は勉強熱心だった。さまざまな講座を企画しては開催していた。しかし、当時はまだ手話通訳者の数が限られていて、県庁や市役所の手話通訳者に毎回来てもらうことはできなかった。婦人部長は困った。そして、思いついた。

〈娘がいるではないか！〉

当時はみんなが「手話ができる＝手話通訳ができる」と考えていた。「手話ができる」とさえ言えない状態だったのに、私はまたしても母の命令で、今度は通訳台に立たされた。消費生活講座、料理教室、茶の湯教室、テレビドラマの解説などなど。不幸中の幸いだったのは、それらがろうあ協会婦人部の主催行事だったことだ。話すスピードについていけずに手話通訳が遅れても、講師に話を待ってもらうことができた。

そのような条件のなかでの手話通訳だが、いかんせん使える手話語彙が限られている。そこで、講師の話した日本語を、自分が扱える手話語彙のみで言い表せる形に置き換えて、手話の語を並べていく。どうしても手話の語がわからないときには、前列に座っている母に口話で聞いた。そして母が示してくれた手話の語を取り入れて、手話通訳を続けた。

他の手話通訳者はたくさんの手話単語を知っていた。聞けば、手話の語が載っている本[※1]があるのだという。そういえば家の本棚にもあったような気がする。

しかし私は、自分の目で見て覚えている手話や言い回しを使うことしかできなかった。だから、私が手話通訳をするときの手話は語の数がとても少なかったと思う。それでも右岸、左岸を指してニコニコするだけの状態よりはましになっただろうか。

先輩を見て

まがりなりにも手話通訳をするからには、いつまでも母にばかり頼ってはいられない。そこで、まず先輩の通訳を見に行くことにした。

当時、ろうあ者日曜教室やろうあ者成人講座など[※2]が開催されていて、そこで先輩たちの手話通訳を見ることができた。先輩のなかにはコーダが3人いたが、その手話通訳は三者三様だった。表情豊かで体全体を使って表現する人、具体例をあげてたくさん説明を加える人、直立不動なのに眉だけよく動く人……。どうやら手話通訳のスタイルは決まっていないらしい。私は先輩たちの手話通訳から、

いろいろな手話の言い方を覚えた。

それでも、私が手話通訳するときの手話は、両親が普段話している手話とは違っていた。まだ、ろう者の手話と聴者の手話は違うと思っていたし、手話通訳のときは〝よそ行きの手話〟を使うのだと考えていた。

また、表情豊かな手話通訳をするコーダの先輩たちと比べると、私の手話通訳はとても固かったし、顔の表情も変化がなかった。当時は、無表情なのは性格だし、他人の前でいちいち感情を露出していられるか、と思っていた。

手話の文法

かつて、「手話には助詞がない。語順がデタラメだ」と言われていた。そのようなとき、ある学習会で「手話は独立した言語だ」「手話には文法がある」と聞いた。それはすぐに納得できた。

言葉を組み立てるルールがなければ、言葉が通じるわけがない。現にろう者同士の手話は通じ合っ

※1　手話の語が載っている本＝『私たちの手話』（一般財団法人全日本ろうあ連盟）。
※2　ろうあ者日曜教室やろうあ者成人講座＝厚生労働省の補助事業。日常生活や社会生活に関する理解を深めるため、日曜日や平日夜間に開催されていた。

ているのだから、手話にも何かしら文法があると考えるほうが理にかなっている。しかし、ろう者も手話通訳をする人も、手話で話したり、手話通訳をすることはできても、その手話を解説してくれる人はいなかった。

ところが、その学習会で聞いた、具体的な例をあげながらの解説はことごとくうなずけるものだった。眉や目の動きは主題を意味する。たとえば、〝眉を上げ、目を見開き、あごを少し引く表現は、日本語の「〜が／は」や「〜については」などの主語や主題を表す〟とか、〝頭の動きは「、」や「。」を意味する〟など、たしかに両親たちの手話と一致した。

それまで性格や個性だと思っていた顔の表情は、手話を構成する文法の一つだという。ならば、それには従わなければならない。日本語だって、勝手に言葉を並べても相手には伝わらない。手話も同じではないか。

それが納得できてから、私の手話は変わっていった。

手話通訳デビューまでの学び

ここで、私が手話を学び始めてから手話通訳デビューするまでを、言語習得や通訳養成の視点から振り返ってみたい。

私の手話学習は、まず高齢者の手話を見ることから始まった。何と言っているのか意味もわからないまま、ぼーっと手話を見ていた。私にとって幸運だったのは、わが家を定期的に訪れるろう者が多かったことと、その人たちがおしゃべり好きだったことだ。ビデオもＤＶＤもない時代に、連日のように膨大な手話談話を見ることができた。

はじめはチンプンカンプンだったが、少しずつ（あ、前にも見たことある！）と思えるものが出てきた。そして（たぶん、こんな意味？）と考えるようになった。体験談などは、目の前で起きていることではないから、その場の情報を手がかりに内容を推しはかるのは難しい。それでもありがたいことに、高齢者は何度も同じ話を繰り返してくれるので、だんだんわかる部分が増えていった。しかし、それは自己流の解釈であって、答え合わせができるわけではない。すると、母が談話の内容をかいつまんで説明してくれた。それによって、自分の解釈が合っているかどうか確認することができたし、わからない手話の意味を知ることができた。

さらに、母の説明が完全な日本語訳でなかったことが、かえってよかった。「戦争、飛行機、来たとき、隠れます。防空壕」とか、「おじいさんのニワトリ、タマゴ生みます。おじいさんタマゴ売り、仕事」というような調子だったので、私は、手話一語に日本語一語を当てはめず、常に（こんな意味？あんな感じ？）と解釈してきた。そのような覚え方がいま、翻訳・通訳[※3]をするうえでとても役立っていると思う。

もう一つ幸運だったのは、見ていた手話での談話が会話だったことだ。たしかに来客の昔話はモノローグだが、そこにはいつも聞き手がいた。

言語の習得には段階がある。質問↓物語↓説明↓説得と談話形式は発達していく。第一のステップは質問（会話）だ。質問の仕方、相づちの打ち方、返答の仕方など、自然な手話のやりとりを見ることができた。相づちには、日本語に直訳しにくい語がたくさんあった。それらも（このタイミングで出てくるから、こんな感じ？）という解釈を続けた。

婦人部の会議で議事録を取らされていたことは、手話を日本語にする翻訳のトレーニングになっていたと思う。私にとって手話は第二言語だ。翻訳トレーニングは、第二言語から母語への翻訳から始めるのが望ましい。

また談話形式の発達と同様に、翻訳・通訳トレーニングも質問・会話の形式から始めるのがよい。たしかに、会議は質問・会話の形式になっていた。少し固い話題だったものの、私にとっては、枠組みが決まっているほうが理解しやすかった。

また、いろいろな依頼書や報告書を書かされていたことで、そこで使われる言葉づかいに馴染んでいたことも助けになっていたと思う。婦人部の会議はたいてい脱線して身近な話題もあふれていたと思うが、私にとってはむしろそちらのほうが壁は厚かった。

〝なんちゃって通訳〟の日本語から手話への通訳では、私の使用可能な語彙が限られていたため、その範囲でまかなえるよう日本語のほうを組み替えた。これは通訳基礎トレーニングの、意味や内容はそのままで、語や言い回しを別の表現に置き換えるパラフレーズ（語句レベル）やリプロダクション（段落レベル）にあたるだろう。

いまになってみれば、なかなか悪くないトレーニングをしてきたと思う。期せずしてなのか、両親の策略だったのか、どちらだろう。

2 徒党を組む

手話通訳することで増えた疑問

いまでこそ、手話通訳や通訳養成に関わるようになったものの、私は幼い頃から手話ができたわけではない。ふすまを隔てた隣の部屋で両親と兄が楽しそうに話している輪に、私は加わることができなかった。そのときの思いは、手話がわかるようになったいまも消えない。

たしかに手話がわかるようになって、当初の苦しさはなくなった。手話通訳をするようになって、

※3 翻訳・通訳＝私は翻訳と通訳について、次のように解釈している。「翻訳」とは、起点言語で発信されたメッセージの意味と意図を目標言語で表現すること。言葉を訳すそのものをいう。一方「通訳」とは、即時に翻訳とコミュニケーションを成立させるためのさまざまな働きかけ（場の調整）をすること。

少しは役に立っているとうれしくも思った。開かずの鉄の扉のように思えたふすまは、少し開いた。それでも私は、隣の部屋の住人にはなれないような気がしていた。

一方、手話通訳をすればするほど、わからないことが増えた。母のサポートなしで手話通訳ができるようになってからも、先輩コーダの手話通訳を見学しても、疑問は次から次へと生まれて、なかなか解消されなかった。

この話をどのような手話にすればわかってもらえるのだろう？

この手話をどのような日本語にすれば自然に伝わるのだろう？

話がわからなくなったときはどうやって切り抜ければいいのだろう？

ろう者がとんでもないことを言い出したとき、それをそのまま言っても大丈夫なのだろうか？

もう話したくなさそうだけど、いつ誰が話を切り上げてくれるんだろう？

日本語のやりとりだったら、こういうときは普通「すみません」と言うものだけど、ろう者が言ってないのに私が勝手に言うのはでしゃばり？

講師から見えないところで通訳しろと言われたけど、話し手の顔が見えないと話がわかりにくくない？

ろう者に対する差別的な発言が続いて、腹が立つけど、手話通訳を続けなければならないのだろうか？

疑問は増えるばかりで、なかなか解消されなかった。

中級講座

先輩通訳者に尋ねると、「それはケース・バイ・ケースなのよ～」とあしらわれ、両親に尋ねても、〈だいじょうぶ、だいじょうぶ、適当問題ない〉としか答えてもらえなかった。

誰も教えてくれないのなら、自分で考えるしかない。しかし、自分一人では心もとない。では、同じ立場の人たちといっしょに考えてみたらどうだろうか。手話通訳をしている人たちといろいろ話し合ってみたらおもしろいのではないだろうか。

そのようなことを考えていたとき、先輩コーダが、勉強の場があることを教えてくれた。それは、手話奉仕員養成講座・中級講座で、いまで言うところの手話通訳者養成講座のことだった。なんだ、そんないい場所があるのだったらもっと早く教えてくれればいいものを、なんでみんな出し惜しみしていたんだ、と思った。

するとその先輩コーダは言った。

「だって、のりこちゃん、もう手話できるから、あらためて勉強に通う必要ないと思って……」

講師もコーダで、「コーダに来られるとやりにくい～」などと言う。先輩コーダたちは、意識しないまま十分な手話力と通訳力を身につけてしまったため、私のように、いちいち疑問を抱えて四苦八苦するコーダがいるとは思ってもみなかったらしい。

それはそれとして、中級講座はとても有意義だった。いっしょに学ぶ仲間がいたし、講師を交えて疑問について話し合うことができた。しかし、中級講座は回数に限りがある。やがて講座は終了し、週1回の楽しい時間は終わってしまった。

講座は終了しても、手話通訳活動は終わらない。いや、逆だ。講座が終了してから手話通訳活動が始まる。みんな、きっと数々の問題に直面するに違いない。一人ひとりが個別に悩むのではなく、一つひとつの疑問をみんなで考えていければいいのに、と思った。

しかし一方では、聞こえる人の集団に入っていくことで、ろう者から離れることになりはしまいか、という不安もあった。

いつまでも〝お手伝い〟ですか？

その不安を打ち消してくれたのは、あるろう者の一言だった。

それまで私は、両親の活動を手伝うという形でろう者の世界に接していた。父が会長をしていたろうあ団体では、事務作業を補佐していた。母が婦人部長になってからは、役員会の議事録や総会資料の作成など、事務局的な作業もするようになった。

少し前まで手話もわからず、親と話もしなかった娘が、せっせと親の活動の手伝いをするようになった事例は、珍しかったのかもしれない。この話を聞けば、全国のろうあ婦人はきっと「うちの子のほうがまだマシ」と元気になるに違いない、と考えた担当者からの依頼で、全国ろうあ者大会の婦人のつどいで話をすることになった。

私はその講演で次のように話した。

「いま、こうして手話通訳という形で、両親に恩返しできるようになったことを心からうれしく思います。これからも両親の活動を手伝っていきたいと思います」

ところが、講演録※4をまとめる段になって、校正のやりとりの手紙で件《くだん》の担当者が言ってきた。

「のりこさん、いつまでも〝お手伝い〟ですか。東北には、ろう者のために奮闘している通訳者がたくさんいます。その通訳者たちと手をとりあってがんばる方法もあるんじゃないですか」

その言葉は、手話通訳者同士が集まって、いろいろと話し合いたいという希望を封印していた私の背中を押した。どんなにすばらしい手話通訳者でも、点のままでは十分に力を発揮することはできない。逆に一人ひとりの力は弱くても、まとまることで力を強くすることはできるはずだ。

やはり、通訳者同士がいっしょに考え、話し合える場をつくろう。それはろう者から離れることではなく、結局はろう者のためになるのだ、と思った。

※4　講演録＝『聴覚・言語障害の母と子のコミュニケーション』（福島県ろうあ協会婦人部、1985年）。

全通研宮城県支部の誕生

手話通訳者の組織をつくろうと決心したとき、先に通っていた中級講座が助けになった。まず、講座の担当者が賛同してくれた。そして、そこにもう1人仲間が加わった。まず、この3人で下準備をしようということになったが、この3人は同い年だった。なんとも心強い仲間たちである。

組織をつくると意気込んではみたものの、どのようなものにしていけばよいか、皆目見当がつかなかった。すると、他県には「全国手話通訳問題研究会（全通研）」という手話通訳者の集団があるという情報が入ってきた。聞けば、支部がない都道府県の人は個人会員として入会しているのだという。集会を開いたり、定期的に発行される書物もあるらしい。

そのように既存の組織があるのならば、その全通研とやらの支部をつくってしまえばよいのではないか、と考えた。全通研の掲げる高尚な目的も理念も理解しないまま、なんとも安直な考えである。

ところが、これが思いどおりに進まなかった。

まず、ろうあ団体が反対した。すでに手話サークル連絡協議会があるのに、なぜまた聴者の団体をつくらなければならないのか。ろうあ団体は一つ、聴者の団体も一つでなければならない、と言う。

次に、先輩手話通訳者たちが反対した。なぜいまさら聴者の組織化を望むのか。手話も手話通訳技術もろう者から学ぶべきで、聴者だけの集団は百害あって一利なしである、と言う。

そして、手話通訳者仲間の意思統一も難しかった。勉強の場はほしいが、そんなに小難しいことまでやらなくてもいい、と言う。最善だと思った手話通訳者の組織化は意外に難しいことだった。人の考え方はさまざまなのだと知った。

それでも、仲間はいるのだ。まずは同い年の3人で知恵を出し合って、1人また1人と賛同者を増やしていけばいいと考えた。一番の目的は、手話通訳について話し合うことであるから、まず手話通訳仲間を集めることにした。

小難しいことはいやだという声もあったので、まずは親しみやすいところからと、宮城県手話奉仕員連絡協議会なるものをつくった。そして『Together』というニュースを発行することにした。まずつながろう、つながるための媒体を用意しようと考えたのだ。

ところが、人間はさまざまなことを考える一方、似たようなことも考えるようで、私たちが奉仕員連絡協議会をつくったのと同時期に、相次いで二つの団体が誕生した。手話通訳養成集団と、手話奉仕員の集団である。微妙に目的とするところが異なっているため、一つに収斂《れん》するのは難しかったのだろう。

こんなに聴者集団ができたのでは、ろうあ団体はますます憤慨するのではないかと思ったら、意外に風当たりは弱くなっていった。一つだと反対もあるが、一気に三つもできると反対する気力がなくなるのだろうか。

いや、そうではなかった。折しも全国で「I Love コミュニケーション」パンフレットの普及運動[※5]が始まっていた。ろう者も手話学習者も力を合わせて、パンフ普及にがんばらなければならない時期になっていたということだろう。

ろうあ団体が、ともに動いてくれる聴者団体を求めていたこともあり、全通研支部の結成は近づいたかのように思えた。それでも、事はすらすらと進むわけではなかった。何をめざすか、どのような規約にするか、誰を代表にするかなど、さまざまな山や谷があった。

そして、山を越え、谷を渡りきった1988（昭和63）年3月27日、全通研宮城県支部は産声をあげた。3人で『Together』をつくってから4年がたっていた。

二つの言葉が示す道

聴者が集団となってもろう者から離れるわけではない。私たちの取り組みはすべてろう者のために結実するのだ。

中学生になって実家に帰った私に言った母の言葉、

「おかあさん、耳聞こえません。のりこさん、わかりませんか」

そしてろうあ連盟の担当者から言われた、

「のりこさん、いつまでも〝お手伝い〟ですか」

この二つの言葉が、常に私のめざすところを示してくれている。

ところでこの時期、全通研と全日本ろうあ連盟には、すべての都道府県に全通研支部をつくるという目論見があったという。もしかして私は、件の言葉にそそのかされて、またしても策略にはまっていたのだろうか……。

3 中途コーダの手話通訳論

二つの信条

全通研宮城県支部は、生まれるまでも手こずったが、誕生してからも順風満帆とはいかなかった。まず、何をすればいいかわからない。例会や研修会で何を学ぶか、どれくらいの頻度で開催するか、

※5「I Love コミュニケーション」パンフレット普及運動＝手話通訳制度の法制化をめざして1985年から財団法人全日本ろうあ連盟と全国手話通訳問題研究会で取り組まれた。

ろうあ団体との調整はどうするか、活動経費をどうするかなど、わからないことばかりだった。

そのようなとき、初めて参加した全通研東北ブロックの集まりで市川恵美子[※6]さんに会った。そのとき市川さんは言っていた。

「東京支部にはたくさんの会員がいるけれど、例会がいつも満員御礼となるわけではない。3〜4人しか集まらないこともある。それでも、一度決めた予定は絶対変更しない。毎月第○土曜日は全通研の日と定例化しておけば、今月は都合が悪くても来月は行こうと計画できる」

「活動するにはお金がいる。お金はつくらなければならない」

それ以降、①予定を変更しない、②活動資金をつくり出す、この二つを信条にした。とにかく、みんなで考えながら進めよう。そして「手弁当」から脱却できるようにしようと、月2回の勉強会と、年1回の目玉行事を開催する方針を決めた。

設立年度33名だった会員は、翌年度17名に、翌々年度は14名にまで減ってしまった。それでも「予定は変えない」の約束どおり、毎月2回、土曜日の午後に支部の例会を開催し続けた。2人でも3人でも集まった会員で情報を交換し、勉強を続けた。

そして2015（平成27）年、全通研宮城県支部は満27歳になった。途中には会員数の増減があった

故・市川恵美子さん

ものの、137人が集う団体になった。27年間、ろう者や手話通訳に関わってこられたのは、組織に属していたからだと思う。ここで、多くの人と出会い、たくさんのことを経験させてもらった。そして、たくさんのことを考え、学んだ。

手話は手話、日本語は日本語

支部設立から4年目のこと、宮城県で第26回全国ろうあ青年研究討論集会（全青研）が開催された。初めて全都道府県から参加があった集会ということで、要員として関わった私たちもとてもうれしかった。この全青研は、重大なことを考えるきっかけになった。

集会では記念講演と分科会があり、その内容を報告書にまとめる予定だった。講演も分科会も手話で進められていたが、手話がわからない人のために、また内容を記録するために手話通訳がついていた。それぞれの内容はカセットテープに音声で記録されていたので、それを文字起こしするだけでもよかったのだが、せっかくの機会なので、私たちは講演のビデオの手話からあらためて講演録を書き起こすことにした。宮城支部の例会で、読み取り学習をしようと考えたのである。

※6　市川恵美子＝全国手話通訳問題研究会第2代運営委員長（会長）2004年～2011年、在任中に逝去。

土曜日の午後、集まった会員でビデオの手話を読み、講演録を記述していった。そして、それぞれが書き取ったものをつき合わせてみたとき、あ然とした。とても講演録として読めるものではなかったのだ。

なぜこのような結果になってしまったのだろう。誤訳があったわけではない。むしろ忠実に訳されている。そう、手話に忠実だったのだ。手話で表出されている語や言い回し、一つひとつが忠実に記録されていた。そのことによって、講演録とは言えないものになってしまったし、ところによっては異なる意味に読める箇所もあった。原文に忠実に訳しているにもかかわらず、なぜ意味が変わってしまうのだろう。

逆に、手話から読み取れる意味やニュアンスをきちんと表現しようとすると、手話原文にはない語を用いたり、語り方を変えたりしなければならなかった。こちらは、手話原文に忠実ではない。しかし、講師が話した意味内容をきちんと表現している。

形と内容、どちらが優先されるべきだろうか。私は内容がきちんと伝わるほうを選んだ。

講演録は日本語で記述される。日本語として支離滅裂なものを残すことは、講師の本意ではないと思うし、むしろ、ろう者や手話に対する誤解を招くと考えた。あることがらを語るとき、手話には手話の語り方があるし、日本語には日本語の語り方がある。意味内容は一致しているが、形はそれぞれ異なる。そう考えるとすっきりした。

それまで、手話から日本語に通訳する際、どうしても自分の表出している日本語に違和感があった。

忠実に訳そうとすればするほど違和感は増した。ヘンな日本語……、とジレンマを抱えながら通訳していたが、「手話は手話、日本語は日本語」と割り切ってからは、それまで付きまとっていた違和感はなくなり、通訳がとても楽になった。

しかし、違う意見も多かった。「手話で表出されていることを落としている。手話で言っていないことを付け加えている」と批判されることもあった。それでも、内容や意図がきちんと伝わらなければ、通訳の意味をなさないではないか。「手話は手話、日本語は日本語」なのである。

手話通訳者像と〝いわゆる通訳〟

当時、手話通訳とは何か、どうあるべきかと専門的に学習したわけではない。経験を持ち寄って、これがいいとか、あれはダメだったと話し合うことが学習だった。

そのように、手話通訳者一人ひとりの経験を出し合うことで、日本の手話通訳論はまとめられてきた。それが、手話通訳士倫理綱領[※7]につながり、手話通訳者養成のカリキュラムにつながっている。

※7 手話通訳士倫理綱領＝一般社団法人日本手話通訳士協会が1997（平成9）年5月4日、手話通訳士の基本的理念として制定した。

しかし、そこで論じられる多くは、どのような場面でどう行動すべきかという、行動面に関することがほとんどではないだろうか。

そもそも、日本では手話通訳の定義が固まっていない。それは、手話通訳者の働き方や雇用形態が多様すぎるためではないだろうか。

一応、「手話通訳制度調査検討報告書」[※8]や「手話通訳士（仮称）認定基準等に関する報告書」[※9]では、手話通訳士（者）の職務を、コミュニケーションに関することと情報提供に関すること、としている。

しかし、通訳現場にいる多くの人たちは、自分たちのやっている仕事はそれだけではないと言うだろう。つまり手話通訳とは、いわゆる通訳をするだけではなく、通訳という行為を付加した福祉的支援や教育的支援をすることだ、ととらえている人が多いのではないだろうか。手話通訳論も手話通訳の業務範疇も、個々の実践を一般化する形でまとめられてきたので、現場で実践されていることすべてが網羅されている。その結果、一人ひとりがイメージする手話通訳者像は多様になってしまった。

それでも「いわゆる通訳をするだけではなく」だから、つまり〝いわゆる通訳をする〟ことは、最低必要職務だととらえられているはずだ。

では〝いわゆる通訳〟とは何だろう。私はこれを、異なる言語を使用する人たちがコミュニケーションする場面で、両者が言いたいことをきちんと伝え、両者のコミュニケーションの目的が達成されるように支援する行為だと考えている。

発言やときには表情や行動による発信の意味と意図を理解して、その意味と意図をきちんとわかってもらうように伝える。その場の目的を把握して、目的が達成されるように働きかけをする。これらの行為が通訳の最低必要職務であり、あとは、それぞれの通訳者が置かれている立場によって、さらにさまざまな働きかけや業務が付加されていく。

コミュニケーションは、言語や行動などを手段とする。コミュニケーションするときは言葉だけでなく、話し方や表情、態度なども、意味を表す重要な要素となる。つまり、通訳者は発信者が言いたいと思っている意味と意図を、できるだけ忠実に理解してもらえるような言葉づかいや態度で伝えなければならない、ということだ。

支部総会

※8 手話通訳制度調査検討報告書＝財団法人全日本ろうあ連盟が厚生省（当時）より受託して設置した「手話通訳制度検討委員会」が1985（昭和60）年5月、手話通訳士の資格認定等の必要性を提言した。

※9 手話通訳士（仮称）認定基準等に関する報告書＝手話通訳士の資格認定の基準等について検討するため全日本ろうあ連盟内に設置された「手話通訳認定基準等策定委員会」が1988（昭和63）年3月に発表した。

あることがらを伝えるために用いられる言葉づかいや態度は、言語や文化によって異なる。伝えるべきは意味と意図であって、機械的な言語の置き換えではない。「手話は手話、日本語は日本語」なのだ。

私が〝なんちゃって通訳〟を始めた頃、日本語→手話の通訳を「通訳」、手話→日本語の通訳を「逆通訳」と言っていた。手話通訳といえば、日本語から手話への通訳ばかりで、ろう者からの発信はそれほど多くなかったのかもしれない。

もちろん通訳とは双方向のものであるし、最近はろう者からの発信も当たり前だ。ならばいま一度、手話通訳の翻訳面の検証も行うべきではないだろうか。ろう者の原発信の意味・意図をきちんと反映しているか。理解してもらうために効果的な表現であるか。いらぬ誤解や摩擦を招くような通訳行為になっていないか。翻訳とさまざまな働きかけ（場の調整）は、一体となって提供される。どちらも疎かにできない大切な通訳行為なのだ。

ろう者の暮らしに学ぶ

どのようなときにどのような言葉を発信するか。どのような態度がどのような意味をもつか、どのように解釈されるか。それは、その言語を使う人にしかわからない。語の意味を覚えるだけでなく、その言語を使用する人たちの文化も習得しなければ、満足な通訳をすることはできない。「ろう者の暮らしに学ぶ」というのは、そのような意味だろう。

「おかあさん、耳聞こえません。のりこさん、わかりませんか」

この発信の意味は何だったのだろう。意図は何だったのだろう。もう、本人に確認することはできないので、他のろう者とのやり取りから類推するしかない。

4 仕事と手話通訳

学習塾と旅行会社

私は、いわゆる設置手話通訳者として雇用されたことはない。常に何かしら仕事をしながら登録手話通訳者として活動してきた。仕事と手話通訳活動を両立できたのは、ひとえに家族の協力と雇用主の理解によるものだ。

子どもは自分の手で育てたいと思っていた。そう考えるようになったのは、私自身が生後8か月で母親と離れたことが影響していたかもしれない。また、ろうあ協会や婦人部のお手伝いに駆り出されるには、定職についていないほうが都合がよかった。

子どもたちが3歳と1歳になったとき、両親と同居することになった。家族が増えれば支出も増える。そこで少しの時間を働くことにした。

初めは幼稚園の送り迎えに支障がないようにと学習塾に勤めた。学習塾は放課後に行われるので、〝夜の仕事〟だ。昼は空けておけるし、夕方2～3時間の仕事で、家庭に大きな影響はなかった。両親がいるので子どもも心配ない。子どもたちも、母親が仕事に出ていくことをいやがるそぶりは見せなかった。

数年して、両親がろうあ協会の役員を退き、両親の活動を手伝うことはなくなった。両親がいてくれるおかげで、夕方仕事に出ることに問題はなかったが、できれば子どもたちが家にいるときはいっしょにいたかった。そこで、子どもたちが学校に行っている間に、もう少し長時間働いてもよいのではないかと思うようになった。子どもは自分の手で育てたいと言っていたのはどこの誰だったか……。

昼の仕事を探し、結局、知り合いの旅行会社に落ち着いた。この旅行会社の社長や社員のみなさんのおかげで、私は手話通訳活動を続けることができた。

その旅行会社のみなさんは、地域活動に熱心だった。PTAや自治会の活動などを続けている方々だったので、私が手話通訳活動を継続することを勧めてくれた。その会社に就職した直後、私は第三子を妊娠した。時期を同じくして、県政番組の手話通訳の話が舞い込んできた。妊娠はともかく、テレビの仕事はどうかと迷いながら社長に相談してみると、どちらの件も喜んでくれた。

おかげで、会社勤めをしながら、月に2回テレビ局に出向き、無事第三子を出産した。会社と自宅が自転車で10分と近距離だったこともあり。出産後は1日3回自宅に戻っては授乳した。仕事に没頭して授乳時間を忘れていると、社員さんたちから「ほらほら、おっぱいの時間だよ」と声をかけてもらったりした。

言葉と文化のつなぎ手

その職場は、常に言葉が飛び交うところだった。仕事のことはもちろんだが、それ以外の話題も多かった。その話題の一つに私の活動のことも含まれていた。もちろん通訳の内容を話すことはなかったが、行事や動向を話題にすることは多かった。

また、ろう者のお客様が旅行の相談に来店することもあった。私が外に出ているときには、留守番の社員が筆談とボディランゲージで用件を聞きだしていた。母が子どもの散歩がてら立ち寄ることもあった。

自分の活動内容を聞いてもらうことと、ろう者自身との接触があることが、周りの人たちの理解を深めることになるのだろう。

登録手話通訳者は、本業と手話通訳活動を兼ねている人が多い。本業を休んで手話通訳に出かけるときは肩身の狭い思いをし、本業のために手話通訳依頼を受けられないときは申し訳なく思うことも少なくない。

それでもその手話通訳によって、ろう者側は主体的に自分の暮らしに向き合うことになるし、聴者側は多様性にふれ人権を尊重する機会を体験することになる。異なる言葉と異なる文化を結ぶことは、お互いに新たな視点をもたせるとても尊い仕事だと思う。

手話通訳士試験

私は手話通訳制度も何も知らないまま、成り行きで手話通訳活動を始めてしまった。きちんと養成講座を受講してから手話通訳活動を始めたわけではない。通訳活動をするなら登録したほうがいいと言われたが、ただ登録するだけではだめだと思い、当時の手話奉仕員養成講座（中級講座）に通った。

当時はまだ登録試験も行われておらず、所定時間数を履修すれば手話奉仕員証を手にすることができた。手話通訳の力量を証明するものではないが、所定のカリキュラムを履修した証ではある。自分のなかに目立った変化はなくても、対外的には少しは信用度が増そうかというものだ。

その当時、手話奉仕員養成講座の回数や内容は全国一律ではなく、都道府県によって異なっていた。そのためろうあ団体はもっとしっかりした手話通訳制度を要求していたが、その成果により、手話通訳士試験が実施されることになった。国家資格ではないが、厚生大臣認定の資格が得られる全国一律の試験である。

とはいえ私には、通訳士試験に合格したからといって、特別な変化が起きるとは思えなかった。資格を生かした仕事があるわけでもなかったし、その資格がなければ手話通訳ができなくなるわけでもなかった。私が手話通訳士試験を受けるメリットは特段見当たらなかった。

しかし、ろう者とともに動いていて、その実情や要望を発信しようとしたとき、一介の主婦の発言よりは手話通訳士の発言のほうが社会に対する信用度やインパクトが異なるのではないか、と考えた。何の肩書もない者よりも有資格者の発言のほうに耳を傾けてもらえるような気がした。日本では手話通訳士は業務独占の資格ではない。それでも有資格者であれば、その分野の専門家とみなされる。ろう者とともに情報保障や社会環境の改善を求めていくとき、通訳制度の充実を訴えていくときに耳を傾けてもらえる存在になるのではないか、と考えたのだ。

また、ろうあ団体が長年要求を続けてきたことの実現の第一歩だと聞かされ、それならば自分もその流れにのって受験しなければならないと単純に考えていたところもあった。

受験して学ぶ

第1回試験から受験できればよかったのだが、あいにく、第1回目のときは、第三子を妊娠し、つわりに苦しめられている最中だった。そして第2回目のときは、授乳の真っ最中で、子どもを置いて東京まで出かけることはできなかった。そして第3回試験でようやく受験できる態勢になった。

通訳に関する試験は初めてのことだったので、何をどのように準備すべきかわからなかったが、幸いにも先の2回を受験していた先輩たちから教材を提供してもらえた。当時、国立身体障害者リハビリテーションセンター学院で開催していた研修会の資料だった。

成り行きで通訳活動に突入してしまった私は、なぜ耳が聞こえなくなる（聞こえる）のかさえ知らなかったし、福祉学科に通っていた頃から数年たっていたので、福祉制度にも疎かった。いただいた資料をもとに勉強しながら、なるほど手話ができるだけで手話通訳者と名乗ったりするなということなのだなぁ、と思った。

当時は試験問題が公開されておらず、受験者が分担して試験問題を覚えて帰り、後進の受験対策に役立てたとも聞く。手話通訳仲間が助け合って試験に臨んでいた時代だった。

手話通訳士試験は、学科試験と実技試験で構成されている。試験は学科試験の傾向や実技試験の方法を変えながら現在も続いている。

欧米の手話通訳者養成と試験

欧米では、手話通訳者は高等教育機関で教育され、資格制度も確立している。有資格者でなければ手話通訳職に就くことも難しい。

アメリカでは2年制のコミュニティ・カレッジや4年制大学または大学院で通訳教育が行われており、手話通訳養成課程を卒業して資格試験を受験する。試験は、アメリカ国内に6か所ある全米通訳教育センター協会の支部や、各地の大学などで年数回行われる。試験日は全国一斉ではない。受験希望者は、最寄りの通訳教育センター協会支部などに申し込み、指定の日に受験する。もし試験に不合格でも、3か月（ろう通訳者の場合は6か月）たてばまた受験することができる。

試験問題は、手話通訳論と通訳実技。手話通訳論では、ある事

海外視察

例に対する自身の考えを手話で述べる。通訳実技は、通常の通訳場面と同様に、スピーチに関する情報（スピーチのタイトルや概要、スピーカーの特徴など）を提供されてから、英語を手話に、手話を英語に通訳する方法である。

日本の学科試験で出題されるような基礎知識を問われるような問題はない。それらについてはすでに大学で評価済みなのだろう。知識を保持しているかどうかを問うわけではなく、知識を運用してどのようなアクション（通訳）を提供できるか、その力量を見る試験内容になっているように思う。試験の実施方法にしても設問内容にしてもかなり異なる。お国柄の違いといえばそれまでだが、専門職の認定試験としてはどのような形が望ましいのだろうか。

5 娘の顔・通訳者の顔

私の30代から40代は、親の介護と看取りが続いた。父の入院、母の入院、父の老人ホームと、医療や福祉のお世話になりっぱなしだった。

かつて、家の中では強者だった両親が、体も心も弱くなり、支えを必要とするようになったことを切ないと思うと同時に、支えられるようになっていてよかった、間に合ったと思えた。ずっと、コーダらしいことが何もできなかった私は、親の世話ができることで少し贖罪している気分だった。

父の肝硬変

旅行会社に勤めていたある日、職場に母から電話がかかってきた。受話器を取ると、母の声が繰り返し叫んでいる。

「のりこさん、おとうさん大変です。すぐ帰ってください。のりこさん、おとうさん大変です。すぐ帰ってください」

以前、母はよく、公衆電話から電話をかけてきた。硬貨が落ちる振動で相手が出たことを知り、一方的に用件を話して切るのだ。このときは自宅の電話からかけたので、私が出たかどうか確認できず、一定時間、同じことを繰り返し話していたのだろう。

何事かと思い、急いで自宅に戻ると、父が空の浴槽にしゃがみ込んで動けなくなっていた。

体がだるいと言って、寝たり起きたりを繰り返していた父は、少し体調のよいうちにと日中に入浴したらしい。ところが、入ったはいいが自力で浴槽から出られなくなってしまった。いつまでも上がってこない父を心配してお風呂場をのぞいた母は、びっくりして父に手を貸したが、母の力で父を引っ張り上げることはできなかった。そこで、溺れないようにお湯を抜き、私にSOSの電話をかけた、ということのようだ。

その日から、父の様子が少しおかしくなった。家族といっしょに食事をせず横になっていることが増えたり、日中うとうとしているかと思えば、夜遅くまでテレビを見ていたり、トイレに間に合わず下着を交換する回数が増えたりした。ただの老化とは思えない、これは認知症の症状ではないだろうか。まだ60歳を過ぎたばかりなのに本当に認知症か、などといろいろ考えた。

あまりにもだるそうで、ほとんど食事をとれなくなっていたため、病院に連れて行ったところ、肝硬変とわかった。父は若い頃から大酒飲みだったが、数年前の健康診断では肝臓の異常は指摘されなかった。そのため、本人も家族も油断していたが、やはり長年の飲酒は肝硬変を引き起こしていた。即入院となった。

その後、入院中の規則正しい生活と禁酒により症状は改善し、見違えるほどしゃっきりとして退院することができた。退院してしばらくは、医師の忠告をよく守り、酒も飲まず規則正しい食生活に努めていたが、3か月もすると全快したと錯覚するらしい。一口だけと手を出したが最後、また酒瓶を抱える生活に戻ってしまった。

家族も酒瓶を隠したり、食事や散歩を条件に一杯だけ飲ませたりと策を練ったが、効果はなく、あっという間に以前のような昼夜逆転の生活になり、立ち上がることもできず、食事もとらなくなった。そしてまた入院して、治療と禁酒によって回復すれば退院する、ということを4回も繰り返した。

入院中は、回診の時間に合わせて病院に行き、医師の話を通訳する。禁酒などの指示は、医師が言うより強く説得することもあった。そのときは〝娘モード〟だったのだろう。

入退院を繰り返すうちに、入院しても以前と同じレベルまで回復することは難しくなっていった。退院しても、だるそうにしていたり、自力で移動することが難しくなり、介護しなければならなくなった。介護は母がしていたが、その母も体調不良を訴えるようになった。

母の肝臓がん

母は胃が痛むと言い出した。日頃から糖尿病の治療で通院していた近所の開業医で胃薬をもらったが、いっこうに治まる気配がない。そこで総合病院の消化器内科を紹介された。

主訴は胃の痛みだったが、夫が肝硬変であることを聞いた医師は、腹部エコー検査を行った。母は肝臓がんだった。すでに、かなり進行しており、余命4か月と診断された。

私は告知しないことにした。超音波の画像を見ながら病状をつぶやく医師に、母には「胃の病気ではなく肝臓が悪いようだ」と伝えてほしい、と頼んだ。診察室で母に診断結果と治療について伝えるときは、とても冷静に通訳していた。〝通訳者モード〟だったのだろう。

このように両親に関わるとき、私は〝娘〟になったり〝通訳者〟になったりした。

その後、エタノール注入や肝動脈塞栓などの治療が始まった。早く家に帰ってお父さんの世話をしなければならないから、と母は苦しい治療もがんばった。家族も、そうだ早く家に帰ってもらわないと困る、と励まし続けた。その甲斐あってか、母の病状は少し落ち着き、退院することができた。

母は一度目の入院のときから、自分が入院していることを人に知られたくない、と言った。社交的でたくさんの友人とのつき合いを大切にしていた母の言葉とは思えなかったが、本人の意思を尊重して、私は誰にも母の入院を悟られないように振る舞った。会議や行事もできるだけ顔を出し、担当していた養成講座も穴を開けないように、病院から通った。

母は1年4か月がんばった。その間、胃カメラをはじめCT検査やMRI検査など、数々の検査が行われた。胃カメラのときは側についていられるが、CTやMRIのときは同室できない。事前に手順を説明して送り出す。しかし、検査中の呼吸のタイミングなどは伝えられない。できるだけ動かないようにと注意することしかできなかった。

最近は、息を吸う・止める・呼吸するなどのランプが取り付けられた機器もある。また、胃バリウム検査など、くるくる回らなければならない検査では、技師がそのつど入室して指示を出すところもあるし、その労を避けるため胃カメラの検査にするところもある。

被験者にはろう者だけでなく、老人性難聴の患者や、自力で指示に従えない患者もいる。あらゆる人に対応できる検査機器が汎用化されないものだろうか。

3度目の入院のとき、母は体中が痛いと言い、モルヒネを投与することになった。ある日、交代で看病していた娘が泣きながら電話してきた。

「おばあちゃんが、おかしくなっちゃった」

あわてて病室に戻ると、母は外出の支度をしてベッドの上に正座していた。私の顔を見ると、

〈おかあさん、まだ?〉

と聞く。

〈戻ったよ。待たせてごめんね〉

と答えたが、母は病室の入り口のほうを見て繰り返した。

〈おかあさん、まだ?〉

母の言う〈おかあさん〉は私のことではなく、母のお母さんのことだった。母は小学部の頃からろう学校の寄宿舎に入っていた。長期の休みに入るときは母親が迎えに来ていたのだろう。病院のベッドの上で、母は母親の迎えを待つ小学生になっていた。

かつて母は祖母について、手話も使おうとしない、ろう者に理解がないなどと批判的なことを言った。そのため私はてっきり、母は祖母のことを嫌いなのだと思っていた。しかし、モルヒネで朦朧として少女になった母が、早く実家に帰りたいと迎えを待っていた人こそ、その祖母だった。

その後はベッドに起き上がる力もなくなり、ふと目を開けては〈おかあさん、まだ?〉を繰り返した。目を閉じた母と会話することはできない。顔をなで手足をさすって、側にいることを伝えるしかなかった。

苦労した胃カメラと眼科での通訳

母を入院させるため、父に老人ホームに入居してもらった。しかし父は、自分がなぜ老人ホームに行かなければならないのか理解できなかった。面会に行くたびに、〈おかあさんは？〉と聞き、いっしょに帰ると言い張った。入院中の母を見舞っても、ホームに帰ると〈おかあさんは？〉を繰り返した。ある日、老人ホームから父がいなくなったと連絡が入った。ホームに駆けつけると、父はホームの職員さんに保護され居室に戻っていた。なんと、お酒を買いに脱走したのだという。

老人ホームで飲酒はできない。肝硬変の父にとってはよいことだ。しかし、こよなく酒を愛する本人にとっては、最悪の環境だったのだろう。居室からトイレまで歩くのもおぼつかないくせに、酒屋まで歩いて行ったというのだから、見上げた根性と言うしかない。その後2回目の脱走劇が起きたので、ホームは監視を強化し、飲酒については軟化した。おかげで、父の脱走は収まった。

その父も、病院のお世話になることが多かった。肝硬変から糖尿病になり、食道静脈瘤で定期的な胃カメラ検査が必要になった。白内障にもなり、肺炎を繰り返し、転倒して大腿骨頸部を骨折した。いろいろな診療科のお世話になった。ということは、いろいろな診療科で通訳したということになるが、苦手な分野もある。胃カメラと眼科だ。

母も父も胃カメラ検査では苦労した。毎回「おえっ」となり、涙を流しながら検査を受けた。検査中はとりたてて通訳することはないが、側にいて手を握っている私は、両親といっしょに「おえっ」となるのを堪えなければならなかった。

また眼科では、父が目薬をさされるときに私も目をつぶってしまうし、眼圧検査で目を開けたままにしろという指示を父に伝え、父のまぶたを押さえながら私も目を見開いていた。私は目薬が苦手だ。眼科は天敵だ。眼科では処置の際に、目を閉じたり開けたりする指示が出る。手話だけで指示することは難しいので、あらかじめ合図を決めておいた。目を開けるときは父の手のひらを開き、目を閉じるときは手を握らせるのだ。

手話通訳は、手話を見てもらわなければ伝えられない。ろう者が目を閉じているとお手上げだ。父は診察や治療を嫌がって、よく通訳を拒否した。目をつぶってしまうのである。検査や治療は、本人が目をつぶったままでも進めてもらったが、医師は「ご機嫌のいいときにお話ししましょうね」と苦笑していた。

発言には必ず意味がある

父が肺炎で老人ホームから救急外来に搬送されたときのことである。そのまま入院することになったが、点滴で腕を動かせない父が、なにやら手を動かしている。何だろうと思ったら〈明日、ご飯、どうする？〉と言っている。見間違いではない。たしかに、腕を伸ばしたまま、指先だけで〈明日、ご飯、どうする？〉と言っているのだ。呼吸困難で、重篤とカルテに書かれた患者が言うセリフか！

老人ホームに入居してから、介護保険制度が始まった。食費は一食ごとに課金されるので、外出・外泊などで食事をとらないときは毎回連絡しなければならない。そのことを気にして、酸素マスクをつけたまま〈明日、ご飯、どうする？〉と訴えたのだろう。ご飯はお休みすると老人ホームに連絡しておく、と説明すると安心して眠った。

ときどき突拍子もない発言が出てくる。一瞬たじろぐが、何を思ってその発言に至ったのかを考えると、何となく理由がわかるような気がする。認知症のようになったり、薬で朦朧としていたりすると、その意味を推し測ることが難しくなるが、発言には必ず意味があるのだろう。その意味や意図を大切に受けとめたいと思う。

酸素マスクを付けたまま眠っていた父が、突然マスクを外した。たちまち、ベッド脇のモニターに表示される血中酸素濃度数値が低下していく。マスクを付け直すたびに払いのけ、しまいには反対側を向いてしまった。私は仕方なく中腰になって口元にマスクをあてがい、「いつでもわがままが許されると思うなよ」と心のなかで毒づいた。いつも天使ではいられないのだ。

父の食欲はなかなか回復しなかった。嚥下障害と、誤嚥性肺炎の再発が懸念されたこともあり、胃ろうを勧められた。また呼吸困難に備えて人工呼吸器の使用も提案されたが、私は賛成できなかった。どちらも命は確保されるかもしれないが、生きる意欲や楽しみがなくなってしまうように思えたのだ。

〈胃ろうをすると栄養は大丈夫。でも大好きなクリームパンを口から食べることはできない〉

と説明すると、父はがんばって食事することを選んだ。

その後、一般病棟に移された父は、優等生だった。指示を守り、食前の「パタカラ体操」と呼ばれる嚥下体操も欠かさなかった。看護助手さんが示すイラストを見ながら「パ・タ・カ・ラ」と繰り返し、お返しに簡単な手話を教えていた。食事も流動食から刻み食になり、退院の日程を相談できるほどに回復していた。

看病での発見

看病をしている間に発見したこともたくさんあった。祖母を嫌っているとばかり思っていた母が、子どもの頃は祖母の迎えを心待ちにしていたこと。大酒飲みだった父が、実はクリームパンが大好きだったこと。元気な頃はあちこち出かけてばかりいたくせに、老人ホームでは最後までずっと母の面会を待ち焦がれていた父。一つ発見するたびに、私の知らないことがもっとたくさんあるのだろうと思った。

しかし、体力がどんどん衰えていくなか、私が尋ねたことに満足な答えは返ってこなかった。父や母がふと思いついて語ってくれるのを待つしか、私には方法がなかった。

医師や看護師とのやりとりを通訳したり、とりとめのないことを話したりしていたが、両親の話を見るたびに、もっと言いたいことがあるのではないかと不安だった。私の解釈の至らないところがあるのではないかと心配だった。側にいるのが私ではなくて兄だったら、父も母ももっと言いたいことを楽に話せたのではないか。兄だったら、もっと的確に両親の話を受けとめられたのではないか。いつもそう思っていた。兄は県外に住んでいたのだ。

どちらとも、最期は言葉を交わすことができなかった。母は目を閉じたままで、握っていた手を握り返すこともなく旅立った。私たちは、心電図が直線になったことで命の終わりと判断するしかなかった。父は、退院の日程を相談をするまで回復していたというのに、何を思ったか眠ったまま呼吸を止めた。看護師が気づいたときにはすでに心肺停止だったという。家族が駆けつけたときは心臓マッサージをされていたが、心拍も呼吸も戻ることはなかった。

その時、両親への通訳の役目は終わった。

以前の私は、両親と手話で話すことができなかった。成人して通訳できるようになってからは、それを少しでも挽回したいとがんばっていたような気がする。介護や看病のときも、〝娘〟よりも〝通訳者〟の顔になっていたのではなかったか。娘として涙を流すことができたのは、葬儀が終わってずいぶんたってからだった。

第3章 新たな仕事と東日本大震災

1 国立障害者リハビリテーションセンター学院

支えをなくして

母が亡くなって、体の半分がなくなったような気がした。娘として産んでもらったのに、手話もわからず、ろう者のことを理解することもなく18年間過ごした。その後、18年かけて手話に目を向け、ろうあ協会の手伝いができるようになり、手話通訳活動ができるようになった。マイナスを挽回してようやくプラスマイナスゼロの地点まで戻ったところだったのに、もう、プラスを伸ばすことができなくなってしまった。

手話通訳をしていても、手話通訳養成講座で指導していても、自分の手話に自信がもてなかった。間違っていても正してくれる人がいない、手本を見せてくれる人がいないことがとても不安だった。それでも、父が生きているうちは、まだよかった。

父は母が亡くなった後、とても元気になった。認知症だとばかり思っていたが、医師によると、実はアンモニア脳症ではなかったかとのことだった。肝硬変の仕業だったようだが、元気になったその姿は、まるで亡くなった母が自分の持ち分を父に分け与えたのではないかと思えるほどだった。記憶はまだらで、つじつまの合わないことを語ったりもしていたが、もはや認知症状ばかりの老人ではなかった。

その父も亡くなると、コーダとしての私を支えてくれるものが何もなくなってしまった。思えば20歳のあたりから、私がつき合ってきたのはろう者や手話の世界ばかりだった。会社勤めもしていたが、私の核となるものは両親と手話ではなかっただろうか。そのよりどころ、足場のようなものがなくなって、私はとてもふわふわとした不安定な気持ちだった。

新しい仕事

そのようなときに、新しい仕事の誘いがあった。埼玉県所沢市にある国立障害者リハビリテーションセンター学院（国リハ）手話通訳学科の教官に応募してみないか、とのことだった。国リハにはその前から関わっていた。非常勤講師として、手話から日本語への通訳の指導に呼ばれていたが、そこで常勤の教官として手話通訳の指導をしてはどうか、という話だった。

私は、日常的に手話があふれる場所に行ってみたくなった。しかし、国リハで仕事をするには単身赴任しなければならない。そのときに背中を押してくれたのは、家族や手話通訳仲間たちだった。家のことは心配いらないから行っといで、宮城のことは心配いらないから行っといで、そう言ってもらえたことで気持ちが決まった。

国リハに行くからには、全国の手話通訳仲間や後進の人たちの役に立つことをしよう。これまで蓄積してきた手話通訳の経験や通訳に対する考えをもう少し科学的に整理して、手話通訳士育成に役立てられないだろうか。家族や宮城の仲間たちに不便を押しつける代わりに、何かしら世に貢献できるようにならなければ、と思った。

国立障害者リハビリテーションセンター学院

ディスカッションできる環境で

国リハで私ができることは、手話通訳のすばらしさと大切さを伝えること、世に貢献できる手話通訳者になるための手伝いをすることである。私のなかには常に、自分が両親と話ができなかった頃の悔しさがある。わかる、わかり合えるという当たり前のことをすべての人に体験してもらいたいと思うのは、そのためだろうか。

わかれば次の考えが生まれるし、わかり合えれば次のつき合いが生まれる。通訳は、言葉の違いや情報の格差を埋めて、次の一歩を踏み出すための土台づくりだ。人の生き方を豊かにする仕事なのだ。その仕事をするためにどのような知識と技術が必要か、仕事をするときには何に留意し、どのように動くとよいかなどを伝えたい。

人に何かを伝えるためには、自分の考えを整理しなければならない。考えを整理するには人と話すのがよい。自分の考えを聞いてもらい、それに対する意見をもらう。そうやって話し合っていくと、自分の考えの甘さに気づいたり、新しい考え方を取り入れたりすることができる。

国リハのすばらしいところは、常にいろいろな視点からディスカッションできること、そこで得られたものを即実践できること、そしてさらにディスカッションするという循環があることだ。同僚や講師陣にはろう者も聴者もいて、双方の意見を聞くことができる。教えるという立場ではあるが教わることのなんと豊富なことだろう。

国リハ学院手話通訳学科は2年制で、学生には大学を卒業したばかりの人から、社会人経験者まで、いろいろな人がいる。

1年生はまず、日本手話を学ぶ。ろうの教官や講師から手話で手話を教えられ、夏休みに入る頃には手話で会話ができるようになる。授業は手話実技ばかりではなく、日本語や言語学、社会福祉概論、医学概論、通訳論など基礎科目も多い。10月になると学科のフロアで使用できる言語は手話だけになる。このような環境で、ろう者の世界の文化、あいさつの仕方や会話の仕方、振る舞いなどを習得していく。そして、全国ろうあ女性集会やろう高齢者大会などで要員として実習させてもらい、たくさんのろう者と手話で仕事をするという経験をする。

2年生になると、通訳の授業が始まる。それまでパーツごとにトレーニングしてきた通訳技術をすべて使って、通訳者としての動き方を学ぶ模擬通訳の授業がある。また、手話で調査研究し、手話で研究発表をする卒業研究や、現場の仕事を通して手話通訳者の仕事を学ぶ通訳実習もある。

私は、手話から日本語への翻訳・通訳の授業や、手話通訳論や模擬通訳などの授業を担当している。自分が学んできたことを伝えるのはもちろんだが、全通研活動や地域の研修会などで見聞きした通訳事例を取り上げて教材にすることも少なくない。また、学生にとって習得しやすい方法は何か、効果的な指導方法は何かを考え、それを地域の通訳者養成や現任研修などで紹介している。現場につながる授業を心がけている。

また、自分自身の体験から助言していくことも少なくない。特に、手話がわかるようになったときの転機や、その後の学習方法は、通訳をめざす学生たちにも共通の課題なので参考にしてもらうことも多い。また、手話やろう者の世界という異文化をどのように受けとめるかなど、適宜話すようにしている。

私と学生のつきあいは、入学式の日に話す「朝晩、教官室に必ずあいさつに来てください」というお願いから始まる。ろうの教官がパソコンに向かって仕事をしている教官室に入り、朝晩のあいさつをすることは簡単なことではない。あいさつするには、まず自分を見てもらわなければならない。そして、ただのあいさつか、用事があっての入室か、わかってもらえるように振る舞わなければならない。

しばらくは見守っているが、いつまでも適切なやり方にならない場合は、助言したり、考えるきっかけをつくる。部屋の扉が開けられていることなど、物理的環境にも意味があることを適宜知らせたりしている。一人でも通訳者仲間が増えるように、理解者が増えるようにと祈りながら。

人はどのようにして〝わかる〟のか

国リハで仕事をするようになってから、より真剣に、通訳とは何か、どうあるべきかを考えるようになった。

まず、通訳という作業の範疇であるが、通訳と呼べるのは利用者二者のコミュニケーションを仲介することだと考えている。そこには、当事者同士が直接やりとりする場合の基本的なコミュニケーションの姿と、第三者が介入するという特殊なコミュニケーションの姿がある。

人が直接コミュニケーションする場合、発信者は自分の考えを何かしらの手がかりに託して発信する。手がかりは言葉であったり、表情であったり、態度だったり、流れやタイミングだったりする。言葉をテクスト、それ以外の手がかりになるものをコンテクストという。受信者はコンテクストがもつ意味を踏まえて、テクストの意味を理解し、発信者が伝えようとしたことを解釈する。

当事者の間に通訳者が介入したとしても、その基本の流れは変わらない。通訳者は本来の受信者より一足先に発信者が伝えようとしたことを理解し、自分が理解したことを本来の受信者に伝える。通訳者は受信者になり発信者になる。つまり、通訳者も〝わかる〟ことが不可欠である。

では、どうしたら的確に〝わかる〟のだろうかと考えているうちに、そもそも人はどのようにして〝わかる〟のかを知りたくなった。そこで、認知について改めて学ぶため、大学の通信教育を受けるこ

とにした。

〝なんちゃって女子大生〟

目的は心理学だが、大学では総合科目なるものも受講しなければならない。また、通信制ではあるがスクーリングにより一定単位を取得しなければならない。自分の知りたいことだけを学べばよいというものではないようだ。

しかし、この総合科目やスクーリングが意外におもしろい。自由にさせられていたら選択しなかった科目かもしれない。一定の縛りがあったからこそ、出会えた科目や講師陣だった。なるほど、規定というものには理由があるのだと納得した。

総合科目または一般教養は、自分の専攻と直結しているわけではないように思えるが、実は思考の土台をつくるものかもしれない。かつて正真正銘の女子大生だった頃に講義を楽しいと感じることはなかったように思うが、いま〝なんちゃって女子大生〟をしていると、教わることや学ぶことがとても楽しいと思える。自分の課題が〝わかるとは何か〟なので、受講しながら自分がどのように〝わかる〟に向かっているのかを分析する楽しさもある。また、テクストの意味だけでなく、講師の意図を探ってみるなど、通訳にからんだ楽しさもある。

「すぐ役に立つものはすぐ役に立たなくなる」という。土台がしっかりしていれば専門分野の知識も積み上げられる。基礎はとても大切なのだといまになって思えるようになった。

私が働いている国リハ学院は専修学校で、基礎学問のうえに積み上げる技術やノウハウを伝授するところだが、自分の土台が弱くてはそのうえに積み上げるものを伝えることはできない。個人の経験を語るだけでは、人の参考にならない。経験は科学的に整理しておかないと、教材にならない。通訳のことや指導方法について考えれば考えるほど、学びたいことや学ぶべきことが生まれてくるのだった。

2 東日本大震災と聴覚障害者救援宮城本部

救援宮城本部へ

国リハの職場が突然大きく揺れた。揺れは何度も何度も襲ってきた。震源はどこだろうとつけたテレビが、岩手県の宮古に押し寄せる津波を映していた。2011(平成23)年3月11日午後2時46分、東日本大震災の発生だった。

「しまった。まだ、何も整っていない」

とっさに思った。

ここ数年、宮城県沖地震の発生が懸念されていた。宮城県沖地震は26～42年周期で発生しており、前回の大きな地震が1978（昭和53）年だったことから、発生率がかなり高まっていると言われていたのだ。

阪神・淡路大震災の教訓もあり、聴覚障害者への緊急連絡など情報提供体制の整備や、対策本部の設置など緊急時の対応策をまとめておかなければならないと話題にしていた。新潟県中越地震（2004〈平成16〉年）や岩手・宮城内陸地震（2008〈平成20〉年）のたびに、ろうあ団体とともに災害対応マニュアルをつくろうとプロジェクトチームが発足しては頓挫し、宮通研[※1]の地域班で防災マップをつくってはお蔵入りするということが続いていた。まだ、関係者全員が承知する災害対応マニュアルは完成していなかったのだ。

「帰らなければ」

そう思ったものの、交通機関はすべて止まってしまった。そこで、とりあえず予定の仕事を片づけることにした。私はまだ事の重大さに気づいていなかった。宮城に戻れずもたもたしているうちに、被害状況が伝わってきた。知らされる被害情報はどんどん深刻化していく。尋常ではない。どうしよう。逡巡《しゅんじゅん》する私を動かしてくれたのは、仲間たちの言葉だった。

「早く帰りなさい。何としてでも帰って動き始めなさい」

私が宮城に帰れたのは、震災発生から3日たってからだった。

防災対応マニュアルは完成していなかったが、ろうあ協会[※2]の事務所では、聴覚障害者救援宮城本部が立ち上げられていた。地震発生の直後にろうあ協会の役員と宮通研の役員たちが事務所に集まり、動き始めていたのだ。3日間の遅れをどうやって埋めようか、今後いつまで続くかわからない救援活動をどのように計画してどのように実行しようか、考えるべきことは山のようにあった。

「ごめんね」

地震発生時にここにいなくてごめんね。いっしょに事務所の片づけをしなくてごめんね。対応マニュアルを完成させておかなくてごめんね。

発災の日、家族や仲間たちが体験したその瞬間の恐怖を私は体験していない。そのせいで、自分の震災に対する思いはどこか甘いのではないか、どこか他人事のように距離があるのではないか、と悔やみ続けている。その自責をなんとか払拭したくて、私は救援本部活動に没頭したのかもしれない。

こうして3月14日から4月30日まで48日間の救援宮城本部通いが始まった。

※1　宮通研＝宮城県手話通訳問題研究会。
※2　ろうあ協会＝社団法人宮城県ろうあ協会（当時）。

定点で動きを整理する

当時、宮城県には聴覚障害者情報提供施設がなかったし、ろうあ団体にも常勤職員はいなかった。ボランティア任せではなく、救援本部を維持する人間が必要だった。

「私を被災地に派遣してください」

私は、被災地の聴覚障害者支援のため自分を派遣してくれるよう、職場に要請した。その結果、3月22日から4月28日まで、私は厚生労働省を通じて国立障害者リハビリテーションセンター学院から被災地支援のために派遣された身分となった。派遣されたからには、もはやボランティアではない。被災地の聴覚障害者支援の職務を果たさなければならない、と思っていた。

しかも、派遣先は初めて訪ねる場所ではない。日頃からともに活動している仲間たちが集まっている場所だった。だからこそ、目の前の仲間たちの役に立ちたいと強く願い、同時に、同じ場所にいられることに感謝していた。

救援宮城本部では、神戸の震災体験を参考にした救援本部の組織図が描かれた。本部長の机の上には『負けへんで―復興の火を求めて・聴覚障害者救援活動の記録』[※3]が置かれていた。その組織図をもとにして宮城の実情に合う形に修正を重ねていった。

たくさんの人が動くときには、指示系統を整理し、それに従って動かなければならない。各人が感情に任せてむやみに動いては、せっかくの活動が無駄になりかねない。また、支援対象にむらが生じる。それでも、支援活動にあたる人たち自身にも縁故があり、気にかかる知人がいる。誰もが冷静に効率を考えた動きができるわけではない。

　そのようななか、できるだけ冷静に全体を把握できるポストにいようと努力した。安否や現状を確認し、不足しているものを提供する。手元に提供できるものがなければ、それがあるところに働きかけて取り寄せる。提供するものは物資、情報、相談、支援、人手など多岐にわたった。常に定点で動きを整理する人が必要だった。

　救援宮城本部から動かない私に、本部長は再三「被災地を見て来い」と言った。ろう者は目で認知し、情報を確認する。自分の目で見てこなければだめだ、と繰り返し言われた。

　私は救援宮城本部に入る前に、沿岸部や市街地の様子はすでに見ていた。水に浸かったがれきの山々や、亀裂が走り大きくうねった道路を見ていたからこそ、絶対がんばろうと思えたのかもしれない。被災地の匂いや寒さを感じたからこそ、そこでがんば

聴覚障害者救援宮城本部　事務所

※3『負けへんで―復興の火を求めて・聴覚障害者救援活動の記録』阪神・淡路大震災聴覚障害者現地救援対策本部発行、1996年。

る人たちの力になりたいと思えたのかもしれない。しかし、様子を見るためだけに再三、被災地に足を運ぶのは、救援宮城本部に派遣された自分の役目ではないと思った。

言わずにはいられなかった「がんばって」

救援宮城本部が実施したのはまず、県内の聴覚障害者と関係者の安否確認だった。聴覚障害関係団体の会員名簿をもとに、全員の安否を確認することにした。停電している地域も多かったので、FAXやテレビ電話は使えない。それぞれの地域で動ける人が現場を確認し、状況をまとめて本部に連絡を入れてくれた。

並行して、避難所の確認に取り組んだ。聴覚障害者が避難していないかどうかを確認し、あわせて、聴覚障害者のために情報提供の便宜を図ってもらうよう依頼して回った。

次に、被害状況を確認していった。とりあえず、電気の復旧状況の確認を兼ねてFAXで情報収集をしようと考えたが、返信があったにしても、ろう者宅から送られてきた返信では十分な状況がつかめない。やはり、現地に赴いて直接状況を確認しなければならなかった。

避難所に避難している人、自宅に滞在している人、それぞれに必要な情報や物資を確認し届けて回った。しかし、回る目的は物を届けることではない。届けたかったのは「救援本部が応援しているからがんばって。側にいるからがんばって」というメッセージだった。情報障害という環境におかれ、孤立しがちな聴覚障害者に、仲間がいることを伝えたかったのだ。

「がんばって」

各地の通訳者たちと連絡を取り合い、「がんばって」と繰り返した。

支援の目はまず聴覚障害者に向けられる。同じ町に住みながら、手話通訳者たちは常に支援する側に回される。また、自らもその立場を選ぶ。みんな、どんなに切ない思いをしていることだろう。せめて自分だけは、手話通訳仲間たちのことを考えたいと思った。

「がんばって」

本当は言ってはいけない言葉だったのかもしれない。それでも言わずにはいられなかった。負けないで。がんばって。目の前には絶望しかないような場所で生きてもらうために、「あなたには守るべきものがあるからがんばって。ここで支えているからがんばって」と繰り返すしかなかった。

たくさんの人たちの力で

救援宮城本部の活動にはたくさんの人たちが協力してくれた。避難所や被災地の巡回をはじめ、救援物資の管理や配達、おしゃべりサロンの運営など。事務所で、和室[※4]で、各地域で、それぞれの自宅で。どうすれば仲間たちを支えられるか、みんなが考え、みんなで実行した。それは仲間のためだけではない、自分のためでもあった。誰もがじっとしてはいられなかったのだ。

同じ町内でありながら、道路一本が運命の明暗を分けた。同じ県内でありながら、被災の程度は大きく異なった。誰もがとてもつらい状況でありながら、自分よりも大変な人のために動くことで、自分をもちこたえているような状況だった。

それは、当時の日本全体にも言えることだったのではないだろうか。全国から援助の手が差し伸べられた。もちろん全国の個々人から、被災地の個々人に直接、接触できるわけではない。支援者と被災者の間には、全日本ろうあ連盟を中心に組織された救援中央本部[※5]や、各県の地域本部、各地域の支部などが介在した。

しかし、被災地から離れるほど、被災地の現状は見えなくなる。温度も匂いも感じにくくなる。なんとか被災地の状況やニーズを全国の人たちにつなぎたいと、毎日、報告書を送ることにした。

心強かったのは救援中央本部だった。阪神・淡路大震災の救援活動の経験のある職員さんがたびたび連絡を入れてくれた。救援中央本部が国に対して交渉活動をしていること、さまざまな団体が開始した助成制度のこと、宮城や東北が孤立しているわけではないことを随時伝えてくれた。

聴覚障害者救援宮城本部　和室

また、救援中央本部がいち早く国に働きかけてくれたおかげで、全国から手話通訳者が応援に来てくれる体制ができた。手話通訳者のコーディネート担当も日頃お世話になっている全通研の職員さんで、実際に現地に入ってくれる手話通訳者も全通研活動を通して見知った人たちが多かった。私たちが気づかないところを的確にサポートしてくれて、さらに私たちの要望をしっかりと聞いてくれた。

救援宮城本部には、東北各県から馴染みの手話通訳者たちが集まった。地元の仲間たちはもちろん、県外の仲間たちともいっしょに活動できる体制ができていき、とても心強かった。全国から集まった手話通訳者のリストをもとに派遣を調整する救援中央本部の労力は大変なものだったと思う。

救援宮城本部の活動ルール

救援宮城本部が活動を始めた頃は、誰もが興奮状態だったと思う。救援宮城本部がおかれていた

※4　和室＝宮城県障害者福祉センターの「和室」を救援宮城本部のために貸してもらい、全国から提供された救援物資を保管していた。「和室」にはボランティアの方々が常駐して、救援本部の憩いの場になっていた。

※5　救援中央本部＝東日本大震災聴覚障害者救援中央本部。震災の翌日、2011年3月12日に全日本ろうあ連盟、全国手話通訳問題研究会、日本手話通訳士協会で立ち上げ、1週間後の18日に第1回会議を開催。内閣府・文部科学省・厚生労働省や聴覚障害関係から12の協力団体が出席して救援活動をすすめた（最終的に15の協力団体が結集した）。

ろうあ協会の事務所は朝から夜まで人が出入りし、動きも活発だった。

しかし、特別な訓練を受けたわけでもないボランティアたちが、何日も続く熱心な支援活動に疲れないはずがない。次第に朝の集合がまちまちになり、逆に夜はだらだらと誰かが残り、帰ると言えない雰囲気になってきた。救援本部で活動していても、誰も賃金をもらえるわけではない。来るも来ないも本人の意志次第だ。

そこで、救援宮城本部の活動ルールを決めることにした。集合時間と解散時間を決め、集まる人の予定を明確にするようにした。また、ボランティア班が組織され、それぞれが自分の動ける時間に自分のできることをするシステムがつくられていった。

ボランティア班は知恵と行動力の宝庫だった。物資を仕分け管理し、配達の準備をし、被災地に車を走らせた。配達先では手話で会話をし、被災者の様子を本部にフィードバックしてくれた。

救援物資が本当に必要な時期に迅速に届けられたわけではない。被災直後は、物資がなかったし、届けるためのルートも寸断していた。水、食料、生活用品、衣類、暖房などほしいものをすぐ届けることはできなかった。

だからボランティア班が動けるようになったときに届けた物資は、そのものが必要だったというよりは、届けるという行為自体に意味があったのだと思う。自分たちを思ってくれる人がいる、要望すれば受けとめてくれる人がいると思えること、手話で会話できてほっとできることなどの副次的な効果こそ、ボランティア班の活動の意義だったのだと思う。

自治体等関係者に影響を与えた手話通訳者たちの奮闘

手話通訳者が応援に入ってくれる体制はできたものの、片や手話通訳を要請する手続きは簡単ではなかった。それまで手話通訳を置いたことのない自治体に、手話通訳を迎え入れてもらうための交渉が必要だった。

手続きは、手話通訳を必要とする自治体が宮城県の障害福祉課に希望を出し、県から厚生労働省に申請する流れとなっていた。まず、沿岸部の自治体から手話通訳要請を出してもらわなければならない。そこで、該当する自治体の福祉課に連絡をとったが、もちろん電話ではらちが明かない。直接出向き、手話通訳設置の必要性を訴えた。

お互いに忙しいなかで、面談の時間を確保してもらうこと自体がまず難しかった。新たに手話通訳を迎えるなど面倒な手続きを持ち込んでくれるなとばかりに、けんもほろろに扱われるところもないわけではなかった。さらに、県外から手話通訳者を呼ぶ意義を理解してもらうことはもっと難しかった。

それまで手話通訳者を設置していなかった自治体は手話通訳の意義を理解できず、手話通訳者がいる自治体では「すでにいるから問題ない」と言った。「市内に聴覚障害者はいない」と言い張るところも多かった。いかに聴覚障害者の存在や手話通訳の意義が理解されていないかを痛感させられた。そして、いかにそれまでの接触や取り組みが不十分だったかも。

そのようななか5つの市町が手話通訳を要請したが、宮城県の応対も渋かった。いま思えば、手話通訳派遣の経費の扱いが決まっていなかったせいだと思う。宮城県としては、希望されるままやみくもに申請しても大丈夫なのか、と慎重になっていたのだと思う。

自治体から要請や延長願いが出されるたびに県の担当者を説得しなければならなかったが、結果的には決裁がおりて希望通りに手話通訳を配置してもらうことができた。それでも、このような災害に対する人的支援では、もう少しスムーズな行政手続きで済むシステムを考えておかなければならないのではないかと思う。

しかし、応援に入ってくれた手話通訳者たちの奮闘ぶりが、自治体や地域の関係者に大きな影響を与えた。いわゆる設置手話通訳者の働き方を示してくれたのだ。3月30日から6月30日まで県内6か所で、のべ648日、合わせて82人の手話通訳者が活躍してくれた。

その結果、震災後に手話通訳を迎えた自治体のうち1か所では手話通訳者を雇用（週4日）して配置し、もう1か所では手話通訳派遣事業経費で定期的に窓口に手話通訳者を配置するようになった。

心に傷を残したのでは……

県外から応援に来てくれた手話通訳者にしても、地元の手話通訳者にしても、過酷な状況のなかでの手話通訳業務となった。この手話通訳体験は各通訳者の心に傷を残したのではないだろうか。津波を知らせに行こうとして間に合わなかったこと、水浸しのがれきのなかを毎日通勤したこと、自衛隊ががれきを掻き分けて捜索活動する傍らで手話通訳し続けたこと、家族の捜索に同行したこと、度重なる火葬や葬儀など、苦しい手話通訳ばかりだったと思う。

さらに利用者側も、辛くてどうしようもない状況からだろう、「通訳がヘタだから交渉が不利になった」「ろう者の言い分を聞かずに勝手に避難生活のルールを決めた」「ろう者に必要な情報提供をしてくれない」など、手話通訳者に対して辛らつな批判を口にする人も少なくなかった。

そのようなぎりぎりの精神状態で行った手話通訳なのに、手話通訳者たちは、まず自分の至らなさを口にした。私は臨床心理士でも何でもない、ただの手話通訳者仲間だ。的確なアドバイスもできず、仲間の苦しさをただ聞くことしかできなかった。

日本の手話通訳者は、たった１７０時間の養成講座を受講しただけで通訳活動を始めることになる。手話通訳活動と並行して自己研鑽を積んでいるにしても、ケースワークの技術や非常時の処し方などを専門的に学んだ経験などないだろう。震災後の手話通訳を担うにはあまりにも無防備だったし、アフターケアのシステムもなかった。もし、満足な手話通訳ができなかったとしても、それは手話通訳者自身の責任ではない。養成システムや派遣システムに問題があるのだ。

幸いにも、滋賀医科大学の垰田《たおだ》和史医師が被災地の手話通訳者の健康を気にかけてくださって、震災後の混乱が少し落ち着いてきた頃、健康相談会を開くことができた。宮城県では、手話通訳者だけでなく救援本部のスタッフも健康相談を受けることができた。

また、知識を強化することで手話通訳者の対応力を高めようと、全通研により、「被災地における手話通訳者養成講座」も行われた。岩手・宮城・福島の手話通訳者たち140名がDVD視聴による通信研修を受講した。後付けの対応となってしまったが、認知やコミュニケーション、ストレスや健康問題、対人援助技術などについて理論的に学んだことで、自身の体験を整理できたという声があってほっとした。

被災地の手話通訳者に対しては、こうして健康相談や研修会が開かれたが、全国から宮城県や福島県に応援に入ってくれた手話通訳者たちはどうだったのだろう。それぞれの自治体でしっかりフォローしてもらえただろうか。

マスコミ対応

東日本大震災では、障害者など災害弱者を取り上げる報道が多かったように思う。救援宮城本部には毎日のようにマスコミの取材申し込みがあった。聴覚障害者の状況を社会に発信してもらえるのはありがたいと思い、できるだけ対応した。

聴覚障害者の安否状況はどうか、避難所に避難している人は何人か、いま困っていることは何かなど尋ねられることは似たり寄ったりだが、同じことを数社に回答しなければならない。私たちには周知のことも先方は知らない情報らしく、ていねいに説明したつもりでも理解してもらえないことも少なくなかった。時間を取られることに堪えながら一つひとつ対応したのに、掲載された記事はほんの数行だったり、趣旨が異なっていたりすることも多かった。

それでも「聴覚障害者救援宮城本部」という名称が繰り返し掲載され、いろいろなところから連絡が入るようになったのは成果だった。取材にはテレビ局もやってきた。こちらも本部長がていねいに対応した。

なかには、泊まるところがないからと本部長宅に滞在しながら取材していくところや、気に入った構図を撮るため救援宮城本部の事務所を空けさせ仕事を中断させるところもあった。マスコミは記事になるものや絵になるものを獲得しなければならない仕事なのだろうが、被災者のためを装いながら自己中心的に撮影を進める態度は、はなはだ不愉快だった。

ろう被災者への相談支援で

被災者に対する相談支援は、ろうあ協会のろうあ者相談員が担っていた。相談者とのカウンセリングに始まり、専門家との連携や病院への引き継ぎなど、業務は山のようにあった。こちらも救援中央本部の医療メンタル班から相談員が派遣され、宮城に常駐し地元の相談員とともに業務をこなしていった。ろう被災者にとって、手話で相談できる相手は何より頼りになる存在だっただろう。細かな連絡を代行することも多かった。

葬儀の手配をしたときのことである。震災直後は斎場の手配が間に合わず、火葬を待たされることや県外に回されることも多かった。相談を受けて、ある葬儀社に葬儀の依頼をしたが、なかなか火葬の予約がとれず、また、行方不明になってしまった家族が揃ってから葬儀を行いたいという遺族の意向もあり、ご遺体をしばらく安置しておかなければならなかった。

もちろん事前に見積りを提出してもらい依頼者の確認も取れていたが、安置のための費用がどんどんかさんでいった。もちろん葬儀社にしてみれば価格表にもとづく請求であり、依頼者と合意の上でもあったが、もう少し早く、または未然に気づくことはできなかっただろうか。複数の葬儀社に打診することにも気づけばよかった。依頼者には家族を亡くしたつらい状況のなか、さらに高額の出費をさせてしまった。いまだに申し訳なく思う。

一日も早く笑顔が戻るよう

震災直後、沿岸の街で暮らしている叔父の消息が確認できなかった。安否確認でも名前が見当たらない。住まいは浸水したと聞かされたが、避難所のリストにも名前が見当たらなかった。叔父夫婦はろう者だが、息子夫婦が近くに住んでいたはずなので、いっしょに避難していてくれればいいがと思いながら日が過ぎていった。

叔父はその頃、ろうあ協会の会員ではなかったらしい。ろうあ協会の非会員に対する言動はどことなく冷ややかで、私は救援宮城本部で叔父の名前を出すのがはばかられた。その後、叔父の娘と連絡がとれ、叔父夫婦やいとこたちの無事が確認できた。

また、わが家は幸いにも震災の被害はなかったが、次女の家はしばらく住めない状況になっていた。当時、次女は8か月の身重で、マンションの13階で地震に見舞われた。幼い長男を連れてなんとか地上まで下りたが、もう13階まで階段を上がることはできなかった。そのため近くのコミュニティセンターに避難していたが、私がその避難所を訪れたのは一度だけだった。

身内に大きな被害がなかったからこそ仕事を続けられたのだが、いつも身内のことを後回しにしていることは申し訳ないと思い続けていた。それでも家族はいつものことだと応援してくれた。

救援宮城本部に派遣されている間に、できるだけのことをしようとがんばってみたが、果たしてどれだけのことができたのだろうか。電話応対やメールのやりとり、いろいろな仕事の分担、スケジュールを整理し記録を書き、いろいろなことをやっていたと思うが、さて何をしたのかあまりよく覚えていない。

救援宮城本部には、常に人がいた。誰かが何かを発言すれば、すぐに誰かが答えて、作業が始まった。昼にはボランティア班のみなさんが温かいみそ汁を用意してくれた。すぐ、側にいる人たち、岩手、福島で同じように奮闘している人たち、全国で見守ってくれている人たち、そしていつもしわ寄せを食らう私の家族たち、常に人の存在を感じる救援宮城本部の活動だった。

あとを引き継いでくれる人材と財源を確保し、一日も早く宮城に笑顔が戻ることを祈りながら職場に戻った。

誰かの〝つなぎ〟であり続けよう

震災後、有名アーティストが次々と被災地でコンサートを開いた。歌は人を癒し、支える。では、聴覚障害者の心が勇気づけられるにはどうしたらよいのだろう。ろう者にとって憧れの人たちから言葉を届けてもらうというのはどうだろうか。

その考えに応えてくれたのがＮＨＫ手話ニュースのキャスターたちだった。救援宮城本部が開催するサロンに無償で駆けつけ、集まった人たちと親しく言葉を交わしてくれた。自らの思いを話し、参加者の声を聞き、明るく未来に誘《いざな》ってくれた。そして今も、震災を手話で語り継ぐ取り組み※6を続けてくれている。

言葉の力は大きい。

人を動かすのは言葉だ。いろいろなことを学び、理解し、考え、そして伝えるとき、そこにあるのは言葉だ。自分が自由に扱える言葉をもつことこそ、人間の権利だと思う。言葉を介して人とつながれるのはとても幸せなことだ。

40年前、突然言葉の壁にぶち当たり、言葉が通じない苦しさをいやというほど味わった。ところが、日々異文化にさらされ、日々異なる言語に悩まされているうちに、「違い」のすばらしさを見つける力をもらった。分厚く思えた壁もいつの間にかなくなっていた。不動だと思えた鉄のふすまもいつの間にか開いていた。誰かが境界線の向こうとこっちをつないでくれたのだろう。別世界だと思えたものを理解できる世界に変える〝つなぎ〟が働いていたに違いない。

コーダは幼いときから「違い」を意識させられる。そして一歩一歩違いを受け入れながら成長する。それは理解であったり、説得であったり、ときには妥協かもしれない。しかし、過程の一つひとつにはたくさんの〝つなぎ〟が働いてくれたのだろう。さまざまな世界を、たくさんの仲間を私につないでくれたすべてに感謝して、私も誰かの〝つ

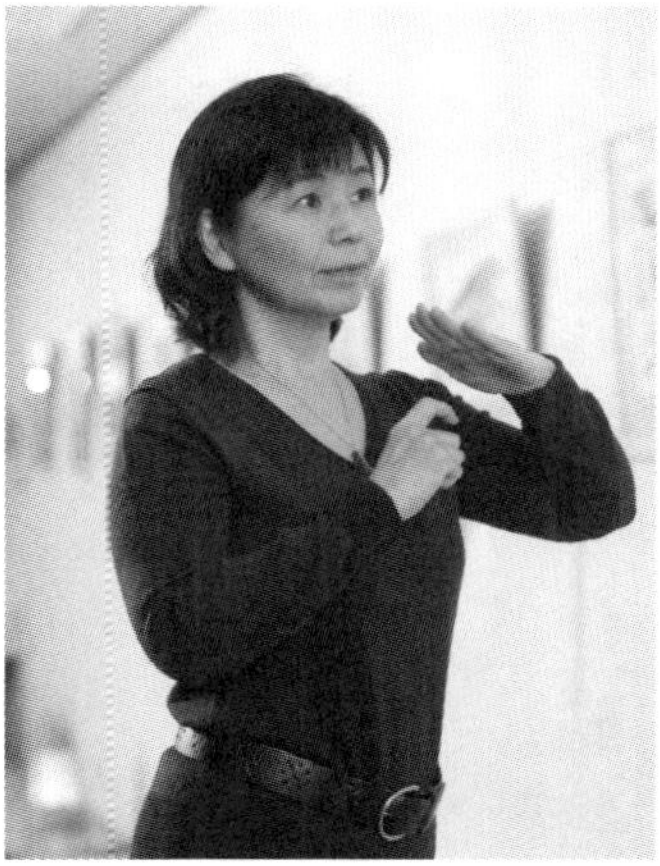

※6 東日本大震災を手話で語り継ぐプロジェクト手話朗読「3・11あの時を忘れない」

なぎ〟であり続けよう。

3 情報提供施設

長く続けた要望運動

2015（平成27）年1月30日、全国で49番目の聴覚障害者情報提供施設となる宮城県聴覚障害者情報センターがオープンした。ろうあ協会をはじめ県内の関係者が長年要望し続けてきた念願の施設だ。

1993（平成5）年、身体障害者福祉法の改正で聴覚障害者情報提供施設の設置が定められてから、ろうあ協会はその建設に向けて要望運動を続けてきた。初めは誰も、情報提供施設がどういうものか知らなかった。のみならず、それが何をするところで、設立のあかつきにはどのような好転が期待されるのかなど、何もわかっていなかった。

当初はろうあ協会だけの取り組みだったが、その後、県内の聴覚障害関係団体とともに取り組むものとなった。複数の団体が関わるということは、関係者の理解を深め協力者を増やすという長所もあれば、なかなか意見がまとまらないという短所もある。宮城では後者となってしまった。そのため、再度ろうあ協会が単独で担うことになったが、それでも設置の話は遅々として進まなかった。

そうこうしているうちに、東日本大震災が起きてしまった。慣例により、ろうあ協会と宮通研で救援本部を設け、救援活動を始めた。しかし、ろうあ協会にも宮通研にもフルタイムの職員はいない。未曾有といわれる大規模な災害の救援活動を担うのは、両団体の役員であり会員であり、いわばボランティアなのだ。いつ終わるともわからない救援活動をボランティアでこなすのは難しい。

そこで、災害支援の助成金をかき集めて、救援本部の事務局にスタッフを配置することにした。そして、そのスタッフを中心に継続的な支援活動を展開することができた。

ろうあ協会や宮通研のネットワークを使って被災者の状況や要望を把握し、救援中央本部や県と連絡を取り合い被災地の現状と要望を訴えた。救援本部の事務局スタッフは、とにかく被災者の支援に専念した。しかし、被災地の現状を知れば知るほど、被災者の声を聞けば聞くほど、やらねばならないことややりたいことが出てきた。しかし、救援本部がもっているリソースは微々たるもので、やりたいこととのギャップに焦りを感じていた。

災害復興支援事業を機に

すると、宮城県が聴覚障害者のための情報支援事業（みやぎ被災聴覚障害者情報支援事業：みみサポみやぎ）を開始することになり、救援宮城本部がその事業を受託することになった。

それまではろうあ協会の事務所に間借りして、スタッフ１人で奮闘していたが、専用の事務所を用意され、事業を進めるために必要な人材をそろえての再スタートである。救援宮城本部は、ろうあ協会と宮通研に難聴者協会とパソコン要約筆記の団体が加わり、新体制となった。スタッフは手話通訳者、要約筆記者、相談員など、当事者団体と支援者団体から集められ、７人に増えた。

発災から10か月後に開始されたこの事業は災害復興支援事業の一環だったが、関係者の心のなかには、これを聴覚障害者情報提供施設につなげたいという願いがあった。その願いは行政にも確実に届いていたようで、その後、情報提供施設設置のための具体的な話し合いが始まった。

情報提供施設の話し合いは、再度、県内の聴覚障害関係団体で検討されることになった。全体会が月２回、その合間にワーキンググループの会議もあり、担当者は毎週のように会議をこなさなければならなかった。しかし、その甲斐あって話が煮詰まり、関係団体が構成する新しい法人が情報提供施設を受託運営することが決まった。

やれやれと思ったものの、新法人の定款を検討するにもまた時間がかかった。条文の一つひとつを全員で確認し、了解していく作業は簡単ではなかった。その手間を厭《いと》うことなく、全員の合意が得られるまでていねいに話し合った。そして、震災から３年後の３月11日、７つ

宮城県聴覚障害者情報センターみみサポみやぎ

の関係団体によって構成される新しい法人が誕生した。

新しい法人という受け皿が準備できても、情報提供施設はまだ生まれない。新法人はみみサポ事業を継続しながら情報提供施設の準備を進めなければならなかった。施設の事業構想、人事、設備備品など検討課題は山のようにあったが、みみサポ職員や法人役員、そして宮城県障害福祉課の職員の奮闘のおかげで、２０１５年1月30日に晴れてオープンとなった（開所式の日は朝から雪だったが……）。

新みみサポみやぎの活動

宮城県聴覚障害者情報センター（新みみサポみやぎ）は、被災者支援を継続している。支援事業は個別の支援はもちろんだが、震災で瓦解したコミュニティの再構築にあたり、聴覚障害者の暮らしやすいコミュニティがつくられるよう「つながりづくり」事業も大切にしている。各地に出かけては「みみサポサロン」を開いたり、出前講座を実施して、地域行政や地域住民に聴覚障害者の存在を知らせ、理解を深めてもらうための事業だ。

もし今後、再び災害に見舞われたときには、みみサポみやぎや関係団体だけが聴覚障害者を守るのではなく、それぞれの地域で住民同士が支え合えるコミュニティであるようにと願っての土台づくりである。

みみサポから地域に出向くことも多いが、最近は、みみサポに集う人たちも増えた。聴覚障害者だけではなく、手話学習者や要約筆記者たちの姿も多い。多言語・多文化を体験できる拠点となっている。

みみサポの職員や法人の役員は、ろう者、難聴者、聴者である。全員に共通した自在に扱える言語はない。ろう者と手話通訳者は手話でやりとりできるが、難聴者や要約筆記者は手話よりも日本語のほうが使いやすい。単に言語が異なるだけではなく、言語が異なれば考え方や生活様式も異なってくる。そのため、会議では情報保障が必要になるし、協議し決定するためには相互理解に時間がかかる。

これらを面倒だと思うか、多様性だと思うか、とらえ方はさまざまだ。しかし、せっかく複数の団体が関わり、さまざまなキャラクターの職員を抱えている法人だからこそ、多様性を尊重した意見が交わされ、きめ細やかな事業が展開できるのではないかと期待している。

いま、私は単身赴任の事務局長だが、法人活動や、事業決裁の仕方などは、全通研活動のなかで学んできたことが生きている。何より、ちょっとした指示や依頼をするだけで、地元で迅速に業務を進めてくれるスタッフがいる。なんとすばらしい連携だろうか。また、なんとすばらしい力をもっている人たちが集まっていることだろうか。

みみサポが地域に根ざした頼られる施設に成長できるよう、多様な人たちの力を集めてがんばっていきたい。

第2部

私と手話通訳

本稿は２０１５年６月26日に京都市内の全国手話研修センターで「手話通訳レッスン　初心者コース⑮」として公開収録した講義「わたしと手話通訳」を整理したものです。

第１章　未知の世界への扉を開く

はじめに自己紹介を兼ねて、生い立ちや両親との関わり、どのように手話を学び、どのように手話通訳活動をするに至ったかなど、自分が手話通訳をする上で、両親をはじめろう者についてどのようにとらえているかをお話ししたいと思います（詳細は第１部参照）。

（1）手話ができなかったコーダ

私が生まれたのは、両親と兄がろう者で私が聴者、ろう者３人対聴者１人という家庭でした。ろうの親のもとに生まれた聞こえる子どもをコーダと言います。私も一応コーダですが、幼い頃から親の手話を見て自然に手話を覚えた一般的なコーダとは違います。

私は、まだ赤ちゃんだったときに母が病気になったため、伯母の家に預けられました。その後、小学6年生までろうの両親といっしょに生活することがなかったので、幼い頃は手話がわかりませんでした。中学に入学するとき、ろうの両親の元に戻りましたが、すぐに手話がわかるようになったわけではありません。いっしょに暮らすようになってからも長い間手話がわからず、両親と話すことができませんでした。

両親はろうあ協会の活動をしていたので、わが家には毎日ろうのお客様が集まっていました。私は高校3年生になってもまだ手話がわかりませんでしたので、お客様と話をすることはできませんでしたが、両親たちがやっているろうあ協会の活動を手伝うことになりました。書類を書くだけなら手話はわからなくても大丈夫です。

いいえ、本当は引き受けたくはなかったのです。ですが、なにせ手話がわからないものですから、断ろうにも断れなかったのです。それからずっと、手話なしでできる範囲の手伝いをするようになりました。手話がわかるようになったのは、もっと後のことです。

高校を卒業したら大学に進みたかったのですが、あいにく入試に失敗して1年間浪人生活をすることになりました。わが家はろう者の来客が絶えなかったので、そのお客様たちのおかげで手話を覚えることができました。

コーダとはいえ、幼い頃から手話ができたわけではなく、高校を卒業してからようやく手話がわかるようになったというわけです。

(2) 手話通訳活動を始めて

手話がわかるようになってから、少しずつ手話通訳活動をするようになりました。初めは家の中で、またはわが家に来るお客様に簡単な通訳をする程度のことでした。きちんと手話通訳養成講座を受講して手話通訳活動を始めたわけではありません。それでも両親やお客様たちと接するうちに、手話通訳はとても大切なものだと思うようになりました。

私が手話を使えなかった間、両親の心中も複雑だったと思います。その反動か、少し手話ができるようになると、両親はしきりと私に手話通訳をさせたがりました。私の手話はまだ手話通訳と言えるようなものではありませんでしたが、とりあえずいるだけでよいというのです。

当時はまだ手話通訳者も数えるくらいしかおらず、自由に依頼できる状況ではありませんでした。ですから、とりあえずいるだけでよい、断片的にでもわかればよい、と思っていたようです。このようにして私の手話通訳活動が始まりました。

手話通訳を通して、またろう者の会話を見ることで、少しずつ手話語彙が増えました。すると通訳で伝えられる内容も少し増えました。そのようにつたない私の手話通訳でも、それまで想像だけで見ていたテレビ番組の内容が少しわかるようになり、お互いにわかる喜びを共有するようになりました。私も、下手くそなままではいられない、もっとたくさんの情報を伝えられるようになりたい、と思うようになりました。

(3) わかる喜び

わかる喜びは、私自身が体験したことです。親元に戻ってきたとき、手話がわからず、親と話をすることもできず、とてもおもしろくない毎日を過ごしました。言葉がわからない、楽しくないという経験は、ろう者が強いられてきた経験と同じだと思うのです。わからなかった手話がわかるようになったときの喜び、断片的にでも手話通訳をして通じたときの喜びなど、わかる・通じることを喜べるのは、ろう者と共通の感覚のような気がします。

世の中は聴者が多数派でろう者は少数派です。でも、私の場合は家に帰れば3人のろう者に対して聴者は私1人。家では私が少数派です。また、両親や兄は手話で自由に会話できますが、私はそこに加われません。一歩外に出れば、私は耳が聞こえて何も問題ありませんが、家に帰れば私のほうが、言葉のわからない弱者になります。

そのようなことからも、「わかる」ことの尊さを感じました。わかり、通じれば社会とつながることができます。言葉が通じなければ人とわかり合うことはできません。ですから、話す・聞く・わかるというのはとても大切なことだと思うのです。

私が、今日まで手話通訳活動を続けてきたのは、このような私自身の体験にもとづいているのだと思います。

(4) 通訳とは

通訳とは、人にわかる喜びをもたらす作業だと思います。知らないままだったら、知らない状態が当たり前なので、苦しいと思うこともありませんが、一度「わかる」状態を経験すると、もっともっと知りたくなります。自分の知らない世界の扉が開き、向こう側に未知の世界があることに気づいたら、もっともっとその世界を知りたくなります。

ですから通訳とは、未知の世界への扉をちょっとだけ開ける作業だと思うのです。誰でもいろいろなことを知りたい。それはろう者も同じです。ですから、みなさんは、少し扉を開けて、向こう側にはもっと知るべきものがたくさんあるのだと知らせる役目を担っています。

人間は新しい知識を吸収することで無限に成長します。そのときに通訳者が果たす役割はとても大きいと思います。

(5) 仲間とともに研鑽を

通訳の目標は上手な訳出ができることではなく、対象者がきちんとわかる環境をつくることです。さまざまな情報をわかるように伝える使命があるのです。自己研鑽は不可欠ですが、集団で学びあい高まることが大切です。仲間とともに勉強し、仲間とともに手話通訳活動に取り組んでいただきたいと思います。

この〝仲間〟とはまず、手話通訳者同士です。手話通訳上のさまざまな課題は手話通訳者同士だからこそわかり合えるものがあります。ぜひ、手話通訳者同士団結して切磋琢磨していきましょう。

もう一方の〝仲間〟はろう者です。ろう者は手話通訳利用者です。手話通訳者とは相容れない立場になることもあるかもしれません。利用者とサービス提供者の間には、利害が一致しないこともあるかもしれません。けれども、お互いの目標は一致しているはずです。未知の世界を見に行く、わかる喜びを経験する、そして自分で考える力をもつという目標は共通のものです。ですから、こまごまとした対立や意見の不一致があっても、しっかり話し合うことでわかり合う関係になっていくべきだと思います。

ろう者と手話通訳者はいつも寄り添っていますが、ろう者と手話通訳者が仲よくしているだけでは社会は変わりません。社会に向けて、「手話は言語です」「私たちの大切な手話を使って生きる権利があります」「自分の望む言語でコミュニケーションしたいのです」と発信することが大切です。

第2章

手話通訳レッスンDVDとその活用

「手話通訳レッスンＤＶＤ」を7年前から発行してきました。初心者コースが①から⑮（１４６ページ参照）まで出ています。私も初刊のときはいまより若かったのですが、こうして並べてみると7年間の時間の流れを痛感します。

全通研は、手話通訳の問題や聴覚障害者の暮らしの問題に取り組んでいます。みなさんといっしょに考え、ともに改善に向けて動いてきました。ただ、手話通訳問題については、制度やあり方などを検討することが中心となり、手話の翻訳面についてはあまり取り上げられてこなかったように思います。ろう者に伝わることこそが通訳に不可欠の目的なのに、残念ながらそれはあまり取り組まれていませんでした。

そこで、翻訳・通訳に目を向けるきっかけづくりのためにＤＶＤをつくってみたのですが、意外にもこんなに長く続いてしまいました。

(1) ＤＶＤ制作の流れとその準備

「手話通訳レッスンＤＶＤ」には毎回テーマがあります。まずテーマの検討から始めます。医療領域や、育児にかかわる領域など手話通訳依頼の多い領域を意識してテーマを選定します。テーマが決まったら、日本語の原稿を作成します。原稿作成にあたっては、時事的な話題や新しい情報、みなさんに知ってもらいたい情報などを盛り込み、できるだけ自然な日本語でつづります。また、翻訳・通訳トレーニングのため、手話表現が日本語の構造と大きく異なるものになるような日本語の表現を、意識的に取り入れます。

テーマの検討や原稿の準備は、ＤＶＤ発行の3か月前頃から始め、原稿の推敲をして準備ができたら手話の動画を収録します。収録は、全国手話研修センターの地下1階にあるスタジオで行います。

収録当日は、関係者が集まって、まず日本語のスピーチを録音します。私は、録音の場に同席して、スピーチを聞きながら手話表現をイメージしていきます。そ

の際、日本語スピーチと手話表現の間に極端なタイムラグがないかどうか確認します。もし、日本語が速すぎて手話が追いつかないことが明らかな場合は、少しゆっくり読んでもらうようお願いします。また、段落ごとに少しポーズを入れるようお願いします。

動画収録の際に写真も撮影します。写真は、ＤＶＤカバーや同封の冊子に使われます。写真撮影では、カメラマンから「笑って～」と再三声をかけられますが、プロではないのでなかなか笑顔になりません。実際に使用する写真は数枚ですが、その数枚のために１００枚以上も撮るのです。残念ながら被写体に問題があるため、ほとんどが使用に耐えられないものばかりで、そのような中からなんとか使えそうなものを数枚選んでもらいます。

撮影した手話動画は編集してＤＶＤにプレスします。別途、カバーや冊子を印刷して、すべてをケースに収めて、８月の集会などで発売することになります。

●ＣＬ構文[※1]を正しく表現するために

手話通訳も収録前にいろいろと準備をしますが、それは一般的な手話通訳の準備と同じだと思います。日本語原稿は自分でつくったものなので内容はわかるのですが、あらためて熟読し内容を把握します。

「わかる」には３つのレベルがあります。まず言葉の意味がわかる、そして文脈から意味がわかる、さらに知識や経験からわかる、の３つのレベルです。ですから原稿を読んで、日本語の言葉の意味だけ理解してわかった気になってはいけません。もっと深くしっかり理解することが必要です。

また手話には、ものの形状などを表すＣＬがあります。実物を見たことがなかったり扱ったことがないために、手話表現ができないのでは困ります。そのため形状や扱い方などを調べておきます。

実は以前、失敗したことがあります。県政番組の手話通訳をしていたときのことです。初夏の番組で山菜を取り上げていました。

「山菜を採ってかごに入れます」

という日本語が聞こえたので、私は、背中に背負ったかごをイメージして、

〈山菜を採って背中のかごに入れる〉

と表現しました。すると、その番組を見た母に、あの表現は間違っている、と指摘されたのです。山菜は柔らかいので、背中のかごに放り込むなんてありえない。お腹に巻いたポケットのような袋に入れるものだ、と教えられました。手話は、固定語彙だけではなく、ＣＬ構文で表現することも多いので、事前にきちんと調べておくことが大切です。

※1　ＣＬ構文（classifier construction、類別詞構文）＝ＣＬ（Classifier）：類別詞（辞）。ある共通の基準に従ってクラスに分けること。日本語の場合は助数詞（○本、○枚、○匹等）が該当する。日本手話は、丸いもの、平たいもの等、形状、大きさ、質感を表すものが該当する。ＣＬを用いた語・句・文をＣＬ構文という。

●思考を理解する

言語と思考は密接に関係しています。日本語話者には日本語話者らしい思考パターンがありますし、英語話者は英語話者らしい思考をします。同じように、手話話者は手話話者らしい思考をします。ですから、日本語で表現されたものは、日本語話者の思考でこそ理解ができます。

日本語で表現された語だけを手話に変えた場合、その手話表現は手話話者に理解されるのでしょうか。そのような不安があるので、日本語の原稿を読んで理解した内容を手話で語り、それをろう者に見てもらいます。私の手話表現では意味がわからないという場合には、どのような表現にしたらよいのか教えてもらいます。

●手話らしい会話

ＤＶＤの①から⑨までは、日本語のスピーチを手話に通訳したものです。それぞれ2通りの表現例を提示しています。⑩は、①から⑨の解説版で、⑪から⑭までは会話形式となっています。会話形式のトレーニングはとても大切なものです。人と人のコミュニケーションの基本形は会話だからです。

手話で会話するときは、手話らしい会話をしなければなりません。それができないと、無礼だと思われたり、話したくないと思われかねません。やはり満足できるコミュニケーションのためには会話が大切です。

会話するときは、ろう者らしい会話でなければなりません。まず相手を呼んで、こちらを見てもらってから話を始めるとか、話を聞いたり、質問に答えるときには然るべき反応を表出するなど、手話の会話らしい表現というものがあります。そのために、ろう者同士の会話を見てわかった方法やポイントをＤＶＤで紹介しています。

みなさんも、手話通訳に出かける前にこのような準備をしてみてはいかがでしょうか。

(2) 2通りの表現例とその理由

ＤＶＤの①から⑨では2通りの手話表現例を提示しています。表現例1は日本手話の例、表現例2は日本語に即した手話の例です。2通りの表現例を提示するのには理由があります。

●概念と言語

通常、みなさんが発話する場合は、次のような流れになっていると思います。

みなさんの頭の中には、さまざまな経験や、人と話をすることで得られたさまざまな知識などによる概念があります。たとえば、みなさんの頭の中にある前日の楽しかったことや、おもしろいテレビの内容を誰かに伝えるためには、言語化しなければなりません。頭の中にあるたくさんの情報を念力で伝えることはできません。何かを伝えたいときには言葉を使わなければならないのです。

思考や概念を伝えるためには言語を用いますが、概念のどの情報項目に着目して言語化するかは、言語によって異なります。たとえば、前日の体験を伝えるにしても、ある言語では人物の情報を重視するので必ず主語を表示するとか、別の言語では出来事の過程を重視するので事象の推移を説明するなど、さまざまです。概念のどの部分を言語化するかは、言語によって異なるのです。

逆にメッセージを受信する場合、届けられるのは言葉ですが、人は言葉の意味だけをとらえるわけではありません。文脈や自らの知識や経験などを動員して言葉の奥にあるものを推論します。これはいつもみなさんが実行していることで、実行するのは同じですが、やり方は言語によって異なります。

●日本語話者と手話話者のとらえ方の違い

たとえば、次のような思考・概念を話そうと思います。

「前夜から頭痛がする。風邪のためか疲れのためかわからないが、頭痛がしている。薬を飲んで早めに寝れば翌朝には回復するかと思っていたが、朝起きても治っていない。さらにひどくなっている。これでは仕事にならない。会社に電話して休ませてもらおう」

この際、日本語と手話では表現の仕方が異なります。言いたい内容は同じでも、その中身の何を言語化するかが違うのです。日本語と手話だけでなく、どの言語もそれぞれ異なっています。

日本語で表現する場合は、実際は頭痛であってもオトナの言い方で「体調が悪い」、お腹が痛くても「体調が悪い」と表現するでしょう。ところが、手話では〈体調が悪い〉と言っただけでは納得してもらえず、〈どこが?〉と聞かれるでしょう。もちろん場面によって話し方は調整されるでしょうが、基本的に手話話者は具体的に聞きたいものなのです。ですから手話の場合は、休みたいときには詳しく理由を述べることになります。あいまいにしておくと、逆に不審がられます。

このように言語によって、何を言語化するかは異なります。もし、手話で思考する人に日本語的な言い方で、〈今日は体調が悪いので休ませてください〉と言った場合、手話の思考の人は〈体調が悪いとは何か? はっきり言わないということはウソを言っているのか?〉ととらえることがあります。

逆に手話で〈私は昨日から頭が痛い。おかしい。まだ頭が痛いので今日は仕事に行けない。だから休ませてくださいと電話してほしい〉と言われ、日本語に通訳する場合、「昨日から頭が痛いです。寝ても治りません。だから今日お休みいいですか」と直訳すると、日本語話者は〈くどくどとうるさい。言い訳か〉ととらえてしまいます。

行政交渉などで、要望に対して日本語で「検討します」と回答された場合、それを手話の〈考える〉と訳してしまうと、回答の意図と反対の意味になってしまいます。これは、言語による語用論の問題になりますが、手話の〈考える〉には拒否、または回答を先に延ばすという意味合いはありません。日本語話者は拒否をあからさまに言語化することは多くありません。婉曲に表現して、推論してもらう方法を選択します。一方、手話ではダメなものはダメと言語化しても気まずくなることはありません。

受けとめ方が違うのです。適切な言い方はそれぞれの言語で決まっています。それに従わなければならないのです。

●内容と目的をきちんと伝える

それをふまえて、手話通訳を考えてみましょう。手話通訳者は起点発話を聞いたり見たりして、その意味を解釈します。頭痛である、治らない、仕事ムリ、今日一日休みたい、上司に承諾してほしいということを理解します。その理解した内容を他者に伝える際に、相手に合わせた形で伝えなければなりません。別の形で提示すると誤解につながりかねません。手話通訳者は、話者の伝えたい内容と伝えたい目的をきちんと伝えるという使命があります。

手話話者には手話話者なりの思考があるので、別の形を押しつけて誤解されては困ります。また は理解してもらえないのも困ります。一方、中途失聴など、いまは聴覚障害で手帳を持っている人でも第一言語が日本語である人たちは、日本語話者の思考をします。ですから、その人たちに手話話者的な表現を押しつけても、的確な理解にはなりません。それぞれの思考に合った言語化が必要です。そのため、このＤＶＤでは2通りの表現例を提示しているのです。

また同一内容を、一方は日本手話で、もう一方は日本語が見えるような手話で表現していますから、両者を対照してそれぞれの特徴を見つけることができるでしょう。

（3）3つの活用方法

DVDは①から⑭まで発行されています。これらは、手話通訳活動をするみなさんの参考になればと制作したものです。しかし、決して収録した表現例がすべてではありません。これをきっかけにして、より適切な表現を考えたり、ろう者の手話を学びながら、手話の翻訳・通訳力を高めていただきたいと思います。そのための活用方法が3通りあります。

●日本語原稿の活用

たいていはDVDの動画を再生して手話を見ることが多いと思いますが、それだけではなく、付属の日本語文の冊子を活用することもできます。

まず、日本語原稿を読んで意味・内容を理解します。解釈や理解をするときは必ず、言葉からわかる意味、文脈からわかる意味、知識や経験からわかる意味をおさえましょう。

次にDVDを再生して日本語音声だけを聞きます。音声を聞いて意味をつかんだり、次に出てくるであろう言葉や話題を予測してみます。また、通訳基礎トレーニングの一つであるシャドーイング（音源を聞きながら即時に復唱する）やリテンション（文や文章を聞き、記憶して、復唱する）など、暗誦に使うこともできます。さらに、日本語音声を聞いて意味をとらえていきます。

●手話表現例の活用

次は、手話表現例の活用です。

手話表現例を見る前に、まず日本語の文章を読んで、どのように手話に翻訳するかを考えてみてください。初めから表現例を見てしまうのではなく、まず自分で理解した内容を手話でどのように表現するかを考えるのです。

次に、音声を聞きながら手話を表出します。それは同時通訳のトレーニングになります。文章を読んで手話を表出する際は自分のペースで表出できますが、音声を聞きながら手話を表出するときは、音声がどんどん進んでしまい、手話が音声に追いつかないこともあるかもしれません。それでも何度も繰り返し練習するうちに、それなりに合うようになります。理解した内容を手話に翻訳して表出するまでの時間が短くスムーズにできるようになったり、よりシンプルで的確な表現を選択できるようになるからです。

手話を表出する際は、自分の表現を撮影するといいですね。最近はみなさんスマートフォンをお持ちですから、自分の動画撮影も手軽にできるようになりました。自分の表現を撮影したら、それをＤＶＤの表現例と比べてみます。双方を見比べて、同じところや異なるところを見つけましょう。同じところは妥当な翻訳だと言えますが、異なるところはなぜ異なるのかを考えましょう。地域性の違いかもしれませんし、日本語文の解釈が違っていたのかもしれません。一口に手話表現が違うと言ってもいろいろな要因があると思いますので、考えてみてください。

ＤＶＤの表現例は二つだけです。しかし、何かを話すときに話し方が二つだけということはありません。語り方は何通りもあるはずです。ですから、みなさんもその場に合った話し方、自分なりの話し方を考えてみてください。

そのときは、１人で黙々とやるのではなく、ぜひ、仲間といっしょに取り組みましょう。わからないところがあったら教えてもらい、もっと的確な表現を思いついたら教え合い、他の人が表出しているよい表現はどんどん取り入れましょう。そのように集団で学習するのがいいと思います。

ただ、ＤＶＤに収録している手話表現例は手話通訳者の表現です。これで満足せず、ぜひ、ろう者の表現を学んでください。日本語文を突きつけて手話にしてほしいとお願いするのは問題です。ＤＶＤの手話表現例を見れば内容がわかると思いますので、その内容をろう者だったらどのように手話で語るのか教えてもらいましょう。ろう者の手話表現からたくさんのことを学び取っていきましょう。

●手話表現を日本語に

もう一つの活用方法があります。今度は逆に、音声を消して手話だけを見てみましょう。そして、手話表現例を読み取り通訳の教材として活用するのです。日本語文の冊子もついていますが、あえて開かず、手話表現例を見ながら日本語に訳出してみます。初めはタイムラグに苦しむかもしれません。それも、何度も繰り返すうちに、タイミングが合ってくると思います。

DVDはこのように活用してみてください。

●番外編でリフレッシュも

最後に、もう1つ活用方法があります。DVDの最後に番外編が収録されています。すべての表現例が終わったあとに、番外編が出てきます。まじめに勉強するのも大切ですが、疲れたときには番外編を見てリフレッシュしてください。

第3章 手話通訳前の準備

(1) 日本語から手話への通訳

手話通訳前の準備として、たくさんの資料を入手します。みなさんはその資料から、どのような準備をするのでしょうか。

通訳領域や場面によって資料の有無は異なるかと思いますが、たとえば講演会の手話通訳などで資料を入手できる場合でも、資料に目を通して表面的に理解したつもりになることが多いのではないでしょうか。

資料は、目を通して意味・内容を理解するのは当然ですが、そこで終わりにせず、その内容を自分で語れるようにしておくことが必要だと思います。資料の文字面を理解しただけでは、本番で異なる話題が出てきたときなど、対応できなくなることもあります。

ですから、行間や言葉の奥にあるものまできちんと解釈し、講師の思考、講師の専門分野の知識などを調べておきます。そのような準備をしておくと、万が一、事前資料に載っていない話題が飛び出しても、講師の思考を推論することができます。

内容を理解したら次に、自分の言葉でそれを語る練習をしておきます。資料の日本語どおりに手話訳を表出したり、手話表現のとおりに日本語訳をつくるのではなく、自分が講演をするのだと思って準備をします。それだけ準備してあれば、講師が予想外の発言をしたとしても、講演の趣旨とどのように関係するものなのか即座に理解し、通訳することができます。

(2) 手話から日本語への通訳

逆に手話から日本語への通訳の場合、どうしても手話の表出のとおりに訳出してしまいがちです。手話と日本語は構造が異なりますから、手話のとおりに直訳すると、変にくどくどとした表現になることが多いように思います。

言葉数の多い話し方は、ともすれば幼稚な印象を与えたり、生活言語レベルの話し方になってしまいます。その結果、ろう者に対する印象が悪くなっては困ります。やはり、年齢や生き方、社会的立場などを考慮して、然るべきレジスター※2を設定することが大切です。また、領域や分野によっては、専門用語や定型句が用いられます。

ですから、手話から日本語への通訳が予定されているときには、前もって日本語で語る練習をしておきます。表出の練習をしておけば、手が覚えてくれますし、口が覚えてくれます。そうすれば、通訳のときに手話も日本語も滑らかに表出できるはずです。

(3) 理解した内容を伝える

事前準備と言えば、いまから30年近く前のある手話通訳者の失敗談を思い出します。事前準備が大切だとわかっていた手話通訳者は、式典のあいさつの原稿をもらいました。そして、すべて暗記するまで何度も練習したのです。そのようにして臨んだ本番で、話者が突然原稿にないことを話し始めました。通訳者の頭は真っ白になり、手も止まってしまいました。

事前準備は大切なものですが、通訳は暗誦ではありません。誤解しないようにしましょう。内容をしっかり把握して、それを自分の言葉で語る力があれば、とっさの発言にも対応できると思います。通訳とは、理解した内容を表現することです。言葉を置き換えるのではなく、言葉を手がかりにしてわかった意味・内容を、自分の言葉で伝えることです。ですから、話す力も必要なのです。

全通研は、地域の課題を見つけ、仲間とともに解決策を考え、そして解決に向けて動きます。会員には、手話通訳活動をしている人だけでなく、手話を学び始めたばかりの人や、手話は使わないけれども関係分野の研究をしている人など、さまざまな人がいます。

このさまざまな人たちと、ろう者や社会と連帯して、これからもがんばっていきたいと思います。

※2 レジスター（register）＝言語使用域のことで、特定の社会的な場面（公的／私的、相手との距離、相手との関係など）に応じて使い分けられる言葉づかいのこと。

第4章

DVD「手話通訳レッスン」初心者コース①〜⑮紹介

※DVDの購入は、全国手話通訳問題研究会まで（書店では販売していません）。

1 手話通訳レッスン 初心者コース 保育園〜小学校の行事 編

収録時間：50分／定価2000円（税込）

① 保育園の入園式　園長先生のあいさつ
② 保育園の運動会　園長先生のあいさつ
③ 保育園の卒園式　園長先生のあいさつ
④ 小学校の入学式　校長先生のあいさつ
⑤ 小学校の運動会　校長先生のあいさつ
⑥ 小学校の卒業式　校長先生のあいさつ
●付録／番外編　歌「さんぽ」「世界がひとつになるまで」

2 手話通訳レッスン 初心者コース 各種行事 編

収録時間：49分／定価2000円（税込）

① ろうあ者新年大会の大会宣言
② 全通研出版の本の紹介
③ 全通研集会開会あいさつ
④ スポーツ大会祝辞
⑤ 敬老の日の祝辞
●付録／番外編　歌「TOMORROW」

3

手話通訳レッスン 初心者コース
気になる話題 編

収録時間：40分／定価2000円（税込）

① 競泳の水着規則　② 豆腐のカルボナーラ
③ 止まらない少子化　④ 新型インフルエンザ
⑤ 裁判員制度
● 付録／番外編　歌「やぎさんゆうびん」

4

手話通訳レッスン 初心者コース
気になる話題 編　その2

収録時間：54分／定価2000円（税込）

① ダイエットを成功させるための基本的心構え　② エコライフ
③ 新しいタイプの栄養失調　④ 老老介護
⑤ お見舞いの品を考える　⑥ インターネットをするときはウイルスに注意
⑦ 身に覚えのない請求のメールが届いたら
● 付録／番外編　昔話「十二支のはじまり」、懐かしの味　宮城の郷土料理「はっとう」

5 手話通訳レッスン 初心者コース
説明会 編

収録時間：53分／定価2000円（税込）

①保育園の入園説明会
②小学校の入学説明会
③中学校の保護者会
④中学校の修学旅行説明会
⑤高校の進学体験説明会
⑥大学の情報保障の説明
●付録／番外編 ❶宮沢賢治「雨ニモマケズ」
❷のりこのつぶやき「老いにも負けず」

6 手話通訳レッスン 初心者コース
医療 編

収録時間：50分／定価2000円（税込）

①腹痛の患者さんの検査結果について
②血圧の薬について
③食生活の指導について
④ペースメーカーを使用する人へ
⑤入院にあたってのご案内
⑥脳梗塞後のリハビリ入院について
●付録／番外編 「うさぎとかめ」

7

手話通訳レッスン 初心者コース
災害 編

収録時間：48分／定価2000円（税込）

①住宅用火災警報器　②地震が起きたときには
③どんな津波だったのか　④避難所生活できず
⑤ボランティア　⑥計画的避難始まる
⑦放射線とは何?　⑧遅すぎる説明
⑨手話通訳者等の派遣
●付録／番外編「千の風になって」、「こだまでしょうか」

8

手話通訳レッスン 初心者コース
災害 編 その2

収録時間：53分／定価2000円（税込）

①セシウム　②線量計を　③仮設住宅の防火対策
④手話通訳の設置へ　⑤大槌復興食堂　⑥指定避難所
⑦海抜表示板　⑧学校が重要な避難所　⑨日本の地形の特徴
⑩正常性バイアス　⑪自助、共助、公助
●付録／番外編「源氏物語」桐壺（一部）、「源氏物語」PartⅡ　桐壺（一部）

9

手話通訳レッスン 初心者コース
相談 編

①風邪をひいたときの入浴
②「断捨離」する
③子どものインターネット使用
④介護の相談
⑤年金の相談
⑥いじめの相談
⑦借金をめぐる相談
⑧近隣のトラブル
⑨気前が良過ぎる義母についての相談
●付録／番外編 「ももたろう」、「すももたろう」

収録時間：55分／定価2000円（税込）

10

手話通訳レッスン 初心者コース
手話表現の解説 編

①保育園の入園式 園長先生のあいさつ
②敬老の日の祝辞
③豆腐のカルボナーラ
④お見舞いの品を考える
⑤中学校の保護者会
⑥血圧の薬について
⑦地震が起きたときには
⑧手話通訳の設置へ
⑨風邪をひいたときの入浴

収録時間：48分／定価2000円（税込）

11

手話通訳レッスン 初心者コース

会話編 ①医療場面

収録時間：45分／定価2000円（税込）

①受付
②問診
③検査（検尿）
④検査（採血）
⑤会計
⑥薬局
⑦教育入院（事前説明）
⑧教育入院（当日説明）
⑨食事指導
⑩見舞い

●付録／番外編　ここがポイント！

12

手話通訳レッスン 初心者コース

会話編 ②育児・教育場面

収録時間：46分／定価2000円（税込）

①保育園入園前の相談（子どものくせについて）
②保育園のお迎え
③学校からの呼び出し（いじめについて）
④教師と相談
⑤生活相談
⑥家庭訪問
⑦面談
⑧三者面談（クラス編成について）
⑨学校からの呼び出し（生活指導）
⑩姉弟の会話（自転車の右側走行で罰金5万円）

●付録／番外編　「児童の権利に関する条約」前文

13

手話通訳レッスン 初心者コース
会話編 ③職場

①相談員との面談（状況確認）
②相談員との面談（業務上のコミュニケーションについて）
③相談員との面談（昼休みの過ごし方）
④係長との会話（病気など緊急に休むときの連絡方法について）
⑤係長との会話（年次有給休暇について）
⑥課長との会話（社内コミュニケーションについて）
⑦課長と部下の個別面談（業績評価）
⑧係長との会話（残業について）
⑨総務課での会話（勤続15年を迎えて）
⑩同僚との会話（手話サークルについて）
●付録／番外編　「障害者権利条約」第27条　労働及び雇用

収録時間：48分／定価2000円（税込）

14

手話通訳レッスン 初心者コース
会話編 ④生活

①レストランの予約（電話で）
②粗大ごみの出し方について（電話で）
③ガス設備定期保安点検（電話で／自宅で）
④自治会役員について（自宅で）
⑤車の修理について（自宅前の路上で）
⑥近所の人との会話（自宅前の路上で）
⑦洋服タンスの購入（店舗で）

収録時間：45分／定価2000円（税込）

⑧ 消費生活について相談（無料法律相談コーナー）

⑨ 体育館の予約（施設窓口で）

⑩ 国内旅行の申し込み（旅行代理店で）

15

手話通訳レッスン 初心者コース

講義編「わたしと手話通訳」

収録時間：55分／定価1800円（税込）
会員価格1500円（税込）

- DVD制作の流れとその準備
- 2通りの表現例とその理由
- 3つの活用方法
- 日本語から手話への通訳
- 手話から日本語への通訳
- 理解した内容を伝える

PROFILE

●宮澤典子（みやざわ　のりこ）

1960年、宮城県生まれ。
ろうの両親のもとに生まれた聴者（コーダ）。
大学進学後、手話を学ぶ。両親のろうあ協会の活動を手伝ううちに手話通訳活動へ。
国立障害者リハビリテーションセンター学院手話通訳学科教官、一般社団法人全国手話通訳問題研究会理事、宮城県手話通訳問題研究会会長、一般社団法人宮城県聴覚障害者福祉会事務局長、手話通訳士。
主な著書
『聴覚言語障害者の母と子のコミュニケーション』（福島県聴覚障害者協会、1985年）
『母よ』（福村書店、2002年）
『ろう者から見た「多文化共生」もうひとつの言語的マイノリティ』（ココ出版、2012年）
『DVD手話通訳レッスン初心者コース①～⑮』（全国手話通訳問題研究会、2008～2015年）

●一般社団法人 全国手話通訳問題研究会（全通研）

聴覚障害者福祉と手話通訳者の社会的地位の向上をめざして、手話や手話通訳、聴覚障害者問題についての研究・運動を行う全国組織。創立1974年。全国47都道府県すべてに支部を置き、聴覚障害者団体とともに地域の福祉向上のための活動や学習を行っている。また、機関誌「手話通訳問題研究」の発行、研究図書などの出版を行っている。会員は手話通訳を職業とする人から、手話を学ぶ人まで幅広くいる。

〒602-0901　京都市上京区室町通今出川下ル　織維会館3F
電話075-451-4743　FAX 075-451-3281
ホームページ http://www.zentsuken.net/
Eメール mail@zentsuken.net

Noricoda 波瀾万丈

——多文化共生・中途コーダの手話通訳論

2016年2月29日　初版発行

著者●ⓒ宮澤典子
企画・編集●一般社団法人 全国手話通訳問題研究会

発行者●田島英二
発行所●株式会社 クリエイツかもがわ
〒601-8382 京都市南区吉祥院石原上川原町21
電話 075(661)5741　FAX 075(693)6605
http://www.creates-k.co.jp　taji@creates-k.co.jp
郵便振替　00990-7-150584
デザイン●菅田　亮
装丁・イラスト●加門啓子
印 刷 所●新日本プロセス株式会社
ISBN978-4-86342-178-3 C0036　printed in japan